Mosaik bei
GOLDMANN

Buch

Gerade Frauen neigen dazu, allzu schnell nachzugeben und stets den Ausgleich zu suchen, damit es keinen Streit gibt. Aber anstatt sich damit besonders beliebt zu machen oder harmonischere Beziehungen zu erleben, lässt man sich auf diese Weise unterbuttern und verleugnet die eigenen Wünsche und Bedürfnisse.
Übertriebenes Harmoniestreben und ständige Anpassung an die Erwartungen anderer machen unzufrieden und führen auf Dauer zum Verlust der eigenen Persönlichkeit. Doch es geht auch anders: Mit Irene Beckers Programm lernt man, eine ausgewogene Balance zwischen Harmoniebedürfnis und konstruktiver Auseinandersetzung zu finden – nicht, um zur Egozentrikerin zu werden, sondern um sich selbst treu zu bleiben und ehrliche, offene Beziehungen zu pflegen. Denn wer Konfliktsituationen meistert, wird selbstbewusster, zufriedener und von anderen respektvoller behandelt.

Autorin

Irene Becker ist seit über zehn Jahren selbstständig als Managementtrainerin für Großunternehmen tätig. Sie führt außerdem regelmäßig Seminare und Coachings zum Thema Selbstbehauptung durch.

Von Irene Becker außerdem bei Mosaik bei Goldmann
Lieber schlampig glücklich als ordentlich gestresst (17051)

Irene Becker

Everybody's Darling, Everybody's Depp

Tappen Sie nicht in die Harmoniefalle!

Mit Illustrationen
von Wolfgang Buechs

Mosaik bei
GOLDMANN

*Für Ulrike und all meine anderen Freundinnen und Freunde –
danke, dass Ihr mein Leben bereichert*

Alle Ratschläge in diesem Buch wurden von der Autorin und vom Verlag sorgfältig erwogen und geprüft. Eine Garantie kann dennoch nicht übernommen werden. Eine Haftung der Autorin beziehungsweise des Verlags und seiner Beauftragten für Personen-, Sach- und Vermögensschäden ist daher ausgeschlossen.

FSC
Mix
Produktgruppe aus vorbildlich
bewirtschafteten Wäldern und
anderen kontrollierten Herkünften
Zert.-Nr. SGS-COC-1940
www.fsc.org
© 1996 Forest Stewardship Council

Verlagsgruppe Random House FSC-DEU-0100
Das für dieses Buch verwendete FSC-zertifizierte Papier *Munken Print*
liefert Arctic Paper Munkedals AB, Schweden.

2. Auflage
Vollständige Taschenbuchausgabe Juli 2009
Wilhelm Goldmann Verlag, München,
in der Verlagsgruppe Random House GmbH
© 2005 Campus Verlag GmbH, Frankfurt am Main
Umschlaggestaltung: Uno Werbeagentur, München
Illustrationen: Wolfgang Buechs, wb@destination.de
Satz: Buch-Werkstatt GmbH; Bad Aibling
Druck und Bindung: GGP Media GmbH, Pößneck
CB · Herstellung: IH
Printed in Germany
ISBN 978-3-442-17066-1

www.mosaik-goldmann.de

Körpersprache und selbstsicheres Auftreten 129
   Die Überwindung der Unsicherheit 130
   Übungen für den überzeugenden Auftritt 132
Klartext reden und eigene Vorstellungen einfordern ... 135
   Oberste Maxime: sagen, was man will 137
   Fitnessübungen für eine klare Sprache und innere
   Unabhängigkeit 146
   Methoden der effizienten Selbstsabotage 150

8 Grenzen setzen: Die hohe Schule des Neinsagens 153
Selbstanalyse der inneren Saboteure 154
   Harte Nüsse beim Grenzesetzen und Neinsagen 155
   Strategien zum Knacken 157
Die Prinzipien des Neinsagens 173

9 Harmonie und Konflikte: Private und professionelle Beziehungen im Kreuzfeuer 179
Kleine Streitschule 181
   Emotionale Talfahrten in Beziehungen 183
Kritik und Gefühle konstruktiv ansprechen 186
Umgang mit destruktiver Kritik 189
   Streitgespräche unter der Lupe 190
Krisenmanagement – wenn's richtig kracht 196
   Das Zwei-Gewinner-Prinzip 197
   Das ehrliche Gespräch 204

10 Kampf den Bestien: Die endgültige Befreiung aus der Harmoniefalle ... 208

Das blökende Schaf oder: Nein zu Manipulation! ... 211
Der schnaubende Stier oder: Nein zu Aggression! ... 214
   Der Feuer sprühende Vulkan ... 216
   Der arrogante Eisblock ... 218
   Der professionelle Ankläger ... 220
   Der moralische Pharisäer ... 222
   Der Besserwisser ... 224
Der ängstliche Hase oder: Nein zur Mitleidsmasche! ... 226
   Das überfließende Tränenkrüglein ... 228
   Der tapfere Märtyrer ... 231
   Der charmante Schmeichler ... 234
   Die Strategie ... 235
   Der viel beschäftigte Ablenker ... 236
   Der sanfte Erpresser ... 239
Der schlaue Fuchs oder: Nein zur Gehirnwäsche! ... 241
   Der killende Phrasendrescher ... 242
   Der verantwortungsfreie Problemverweigerer ... 249
   Die Nein-Straße zum Sieg ... 251

11 Geschafft: Somebody's Darling, nobody's Depp ... 255

Register ... 258

1 Einleitung

Es war einmal vor langer Zeit, da waren die Machtverhältnisse in Paarbeziehungen noch klar definiert, und Emanzipation war nichts weiter als ein Fremdwort. Dazu sei ein Artikel aus der britischen Zeitschrift *Housekeeping Monthly*, Ausgabe vom 13. Mai 1955, zitiert:

»Anleitung für die gute Ehefrau

- Hören Sie ihm zu. Sie mögen ein Dutzend wichtiger Dinge auf dem Herzen haben, aber wenn er heimkommt, ist nicht der geeignete Augenblick, darüber zu sprechen. Vergessen Sie nicht, dass seine Gesprächsthemen wichtiger sind als Ihre.
- Der Abend gehört ihm. [...] Versuchen Sie, seine Welt voll Druck und Belastungen zu verstehen.

Einleitung

- Sorgen Sie dafür, dass Ihr Zuhause ein Ort voller Frieden, Ordnung und Behaglichkeit ist, wo Ihr Mann Körper und Geist erfrischen kann.
- Begrüßen Sie ihn nicht mit Beschwerden und Problemen.
- Beklagen Sie sich nicht, wenn er spät heimkommt oder selbst wenn er die ganze Nacht ausbleibt. Nehmen Sie dies als kleineres Übel, verglichen mit dem, was er vermutlich tagsüber durchgemacht hat. […]
- Denken Sie daran: Er ist der Hausherr, und als dieser wird er seinen Willen stets mit Fairness und Aufrichtigkeit durchsetzen. Sie haben kein Recht, ihn infrage zu stellen.
- Eine gute Ehefrau weiß stets, wo ihr Platz ist.«

Mittlerweile ist gut ein halbes Jahrhundert vergangen, seit diese wohl gemeinten Ratschläge für die perfekte Ehefrau veröffentlicht wurden. Und doch scheint es so, als hätte die moderne, selbstbewusste und gleichberechtigte Frau des 21. Jahrhunderts etliche dieser Verhaltensregeln noch immer verinnerlicht. Geduldig lauscht sie den Ausführungen ihres Partners und stellt das eigene Redebedürfnis zurück. Lieber beißt sie sich auf die Zunge, als in einer Diskussion standhaft ihre Meinung zu vertreten und zu riskieren, dass das Gespräch in einen Streit ausartet. Innerlich tobend räumt sie stillschweigend zum tausendsten Mal die schmutzige Wäsche hinter dem Lebensgefährten her. Ihn zu stark zu beanspruchen, hieße, den Haussegen in eine unerwünschte Schieflage bringen.

In der U-Bahn toleriert sie, dass der Sitznachbar mit der Bierfahne seinen Schenkel unangemessen eng an sie drückt. Sie schluckt es herunter, dass der Chef die Gehaltserhöhung einem unerfahrenen männlichen Mitarbeiter zuspricht, obwohl längst sie an der Reihe wäre. Und sie beschwert sich nicht, wenn der Nachbar nachts wieder einmal lautstark Punkmusik hört. Auch ihren Geschlechtsgenossinnen gegenüber verhält sich die starke Frau dieser Tage häufig wie ein sanftes Schaf. Kritisiert Sie Ihre angeblich beste Freundin auch ständig? »Findest du diese Kombination nicht etwas zu figurbetont?« Oder andersherum: Das Outfit Ihrer Bekannten sitzt peinlich bis vulgär eng, Sie aber sagen nichts, um keine Auseinandersetzung zu provozieren. Ihre Schwiegermutter lädt sich jedes Wochenende unaufgefordert zum Essen ein, ohne ein einziges Mal zu fragen, ob Sie eigene Pläne haben? Sie stellen sich an den Herd und zaubern ein Dreigängemenü – insgeheim in der blutrünstigen Vision schwelgend, wie der alte Drachen an den Hühnerbeinen erstickt. Die faule Kollegin bittet Sie zum wiederholten Mal, ein paar Unterlagen für den Chef zu kopieren, weil sie auf ein »mega-wichtiges« Meeting muss? Sie dackeln zum Kopierer und fragen sich, ob Sie für diese Handlangerarbeiten Ihren Doktortitel haben erwerben müssen – und ob hierzulande wirklich die meisten Morde unentdeckt bleiben. Die Nachbarin nervt Sie mit aufdringlichen Fragen zu Ihrem Herrenbesuch neulich Abend? Sie fühlen sich bemüßigt, ihr zu erklären, das sei nur ein Kollege gewesen, mit dem Sie eine Präsentation vorbereiten mussten. Warum wünschen Sie ihr eigentlich keinen guten Tag und zeigen ihr, dass sie das wahrlich nichts angeht? Ihre Eltern halten es für selbstverständlich, dass Sie immer noch alle Weihnachts- und Osterfeste bei ihnen verbringen, obwohl Sie längst eine eigene Familie ha-

Einleitung

ben. Jedes Jahr verwerfen Sie die eigenen Wünsche und traben mit Sack und Pack an, damit bloß die Familienharmonie gewahrt bleibt.

Sind wir also immer noch das schwächere Geschlecht – sanftmütig, hilfsbereit, verzeihend, aufopfernd, duldsam, harmoniebedürftig? Es gibt tatsächlich viele Beispiele, die einen das vermuten lassen. Zu oft geben Frauen nach, setzen sich nicht durch, machen keinen Gebrauch von ihrer Willenskraft.

Nach wie vor scheint es vielen Frauen schwerzufallen, ihre innere Stärke im Umgang mit anderen einzusetzen. Woran liegt das? Haben Frauen Angst, eine bissige Zicke genannt zu werden, eine Furie mit Haaren auf den Zähnen, eine freudlose Kampfemanze? Sehr vielen scheint es schwerzufallen, die goldene Mitte zu finden und eine selbstbewusste Frau zu sein, die für sich einsteht und trotzdem harmonische Beziehungen pflegt. Eine Frau, die sich nicht unterbuttern lässt, aber auch nicht wie eine Dampfwalze über andere hinwegrollt. Eine Frau, die selbstsicher ihre Stärke zeigt und ihre schwachen Seiten dennoch nicht verleugnen muss. Eine Frau, die gerade wegen dieser Stärke beliebt ist. Das muss keine Utopie bleiben.

Das Handwerkszeug dafür bringt jede Frau mit:

- ein wenig Selbsterkenntnis und Klarheit über die eigenen Wünsche, Bedürfnisse, Stärken und Schwächen;
- das Recht und die Pflicht, die Verantwortung für ihr Leben selbst zu übernehmen;

- ein wenig Mut und Disziplin, sich gegenüber den Erwartungen der lieben Mitmenschen zu behaupten;
- genug Selbstvertrauen und Durchhaltevermögen, um auch in kniffligeren Situationen nicht sofort das Handtuch zu werfen und einen Konflikt nicht nur auszuhalten, sondern konstruktiv zu bewältigen;
- die innere Stärke, auch einmal Zivilcourage zu zeigen, sich gegen Übergriffe souverän zu wehren und Grenzen zu setzen.

Das haben Sie alles nicht, sagen Sie? Oh doch, haben Sie. Mit dieser Stärke ist jeder Mensch von Geburt an ausgestattet, auch wenn Erziehung, Anpassung, Erfahrung und mangelnde Übung einiges davon verschüttet haben. Ein hungriges Baby schreit sich so lange die Seele aus dem Leib, bis es endlich bekommt, was es braucht. Das tut es selbstsicher und ungeachtet der genervten Reaktionen seiner Umwelt. Und der Wortschatz von Kleinkindern in der Trotzphase scheint ausschließlich aus *Nein!* und *Ich will aber!* zu bestehen.

Raus aus der Harmoniefalle. Vielleicht fehlten Ihnen für die nötige Durchsetzungskraft einfach nur das Gewusst-wie und etwas Praxis. Das Know-how dazu finden Sie in den folgenden Kapiteln. Bei der Umsetzung der Handlungsstrategien müssen Sie lediglich ein wenig üben. Im Folgenden wird das – übersteigerte – Harmoniebedürfnis unter die Lupe genommen. Ein Praxisteil mit Fragebogen hilft Ihnen dabei, Ihre schwachen und Ihre starken Seiten zu analysieren. Ein Trainingsprogramm unterstützt Sie dabei, sukzessive Ihre innere Stärke (wieder) zu entdecken, zu entfalten und im Umgang mit anderen positiv einzusetzen. Sie werden lernen, Ihre Fähigkeiten weiterzuentwickeln: einzustehen für das, was Sie wirklich wollen, Grenzen zu setzen, mit Kritik souverän umzugehen, Konflikte konstruktiv zu bewältigen, mit unangenehmen Gefühlen fertig zu werden. Sie werden Gegenstrategien für den Umgang mit schwierigen Zeitgenossen finden, die versuchen, Sie mit ausgebufften Manövern zu manipulieren. Weder sanftes Schaf noch bissige Zicke – leben Sie Ihr Leben als ausgeglichene, selbstsichere Frau.

Noch eine Anmerkung, bevor es losgeht: Harmoniesucht kann sich, wenn tiefgreifende Probleme hinzukommen, zu einer ernsthaften psychischen Störung auswachsen, die allein nicht mehr zu bewältigen ist. Wenn ein Mensch Panikattacken bekommt, weil eine Diskussion etwas heftiger wird; wenn auf sanfte Kritik ein depressiver Anfall folgt; wenn allein die Vorstellung, Nein sagen zu müssen, zu Schweißausbrüchen führt; wenn aus Angst vor zwischenmenschlichen Störungen Kontakte zwanghaft vermieden werden – dann ist es sicherlich sinnvoller, die professionelle Hilfe eines Therapeuten in Anspruch zu nehmen.

2 Harmoniesucht: Was ist das eigentlich?

Gegen ein harmonisches Miteinander im Privaten wie im Beruflichen ist ja generell nichts einzuwenden. Harmonie ist wichtig. Ohne das natürliche Bedürfnis danach hätte sich die Menschheit schon viel schneller ausgerottet, als sie es ohnehin versucht. Ungesund wird das Harmoniestreben erst, wenn es kein gleichberechtigtes Geben und Nehmen zwischen den Partnern mehr gibt. Doch welche Ausprägungen und Konsequenzen kann krampfhaftes Harmoniestreben haben? Und wann ist die Balance gestört?

Harmonie und Disharmonie: Darum geht's

Das Wort Harmonie stammt aus dem Griechischen und bedeutet *Ebenmaß, Einklang, Wohlklang; richtiges Verhältnis aller Teile zum Ganzen*. Es geht im zwischenmenschlichen Bereich also um ein ausgewogenes Miteinander, bei dem die Bedürfnisse und Wünsche aller Beteiligten angemessen berücksichtigt werden. Die Definition macht es sehr schön klar: *aller* Beteiligten. Ausgewogen! Angemessen! Echte Harmonie bedeutet nicht, dass einer zulasten des anderen bevorzugt wird. Warum sollte es zu Ihren Lasten gehen, wenn egoistische Menschen in Ihrem Umfeld sich wünschen, die eigenen Bedürfnisse stärker durchzusetzen? Wünschen darf man sich vieles, das ist zulässig – nur müssen *Sie* deshalb Ihre eigenen Bedürfnisse noch lange nicht zurückstellen. Sollen die anderen Beteiligten ruhig Feuer speien und schnauben; manche Lektionen müssen eben auch Ignoranten, Egoisten und Faulpelze lernen.

Mit Harmoniesucht ist das übermäßige Verlangen nach harmonischen Beziehungen und Anerkennung gemeint – im schlimmsten Fall die totale Abhängigkeit davon. Droht eine Störung der Harmonie, fühlen Sie sich unwohl und sind schnell bereit, diese einseitig und zu Ihren Lasten wiederherzustellen, da dies bei Ihnen oberste Priorität hat. Doch der Preis, den Sie zahlen, wenn Sie in die Harmoniefalle tappen, ist hoch: Sie tun das auf Kosten Ihrer Zeit, Nerven, Bedürfnisse, Energie und letztlich auch Ihrer Selbstachtung.

Wie bei allen »Drogen« ist die Grenze zwischen gesunder Dosis und schädlicher Überdosis fließend und kann sich von Situation zu Situation nach hierhin oder dorthin verschieben. Ab und an in Maßen ein schönes Glas Rotwein ist bekömmlich und soll sogar gesundheitsfördernd sein – ein Zuviel führt allerdings zur unschönen Leberzirrhose. Grundsätzlich sollte also auch das Verlangen nach Harmonie nicht übersteigert ausgelebt werden. Wozu eine Überdosis Harmonie führen kann (mal abgesehen von gähnender Langeweile, denn nichts ist weniger anregend, als wenn zwei Menschen immer gleicher Meinung sind), sehen Sie im Folgenden.

Angriff und Flucht: Das passiert

Teilweise sind Sie viel älter, als Sie glauben – nämlich ein paar Millionen Jahre alt. Natürlich nicht wirklich, aber Menschen tragen evolutionär bedingt immer noch Programme und Reaktionen in sich, die seit Jahrmillionen bewährt sind. Leider sind sie noch nicht an die modernen Zeiten angepasst worden. Ein besonders wirksames Programm ist das Stressprogramm.

Stellen Sie sich vor, Sie sind eine Neandertalerin und streifen auf der Suche nach Beeren in einem schicken Bärenfell durch den Wald. Plötzlich hören Sie ein fauchendes Geräusch und sehen sich einem Säbelzahntiger gegenüber. Nun ist nicht etwa guter Rat gefragt, sondern eine blitzschnelle Reaktion, damit Sie diese unfreiwillige Zufallsbegegnung möglichst unbeschadet überleben.

Ihr Organismus aktiviert nun in Rekordzeit Ihr Stress-Rettungsprogramm: Im Bruchteil einer Sekunde wird entschieden, ob Sie Jäger oder Beute sind; ob Sie mit Aussicht auf Erfolg die Keule schwingen – oder besser die Beine in die Hand nehmen und rennen. Zwei Programme: Angriff oder Flucht. (Es gibt noch ein drittes, das allerdings viel seltener aktiviert wird, da es geringe Überlebenschancen bietet: Paralyse. Das Kaninchen vor der Schlange oder das geblendete Reh im Scheinwerferlicht verharren in Panik und kommen deshalb um.)

In dieser Gefahrensituation wird Ihr Großhirn mit seiner wunderbaren Denkfähigkeit ausgeschaltet, da es fürs Überleben nicht förderlich wäre, wenn Sie erst einmal überlegten, ob der Säbelzahntiger auf der Liste der bedrohten Arten steht und Sie ihn deshalb nicht erschlagen sollten. Auch die Wahrnehmung anderer Reize, einschließlich der Libido, wird heruntergefahren. Momentan sollten Sie in der Tat weder die Schönheit der Landschaft noch den knackigen Po des jungen Mannes aus der Nachbarhöhle bewundern. Stattdessen wird Ihr Organismus durch einen ebenso komplexen wie wirksamen Hormoncocktail und weitere Stoffwechselveränderungen gerüstet. Und zwar für heftige körperliche Aktivität: rennen oder kämpfen.

Zurück in die Gegenwart: Die Säbelzahntiger sind ausgestorben, aber auch heute gibt es noch wilde Tiere. Sie kommen daher in Gestalt des stirnrunzelnden Chefs, des aufdringlichen Nachbarn, des wütenden Partners, der keifenden Schwiegermutter, der beleidigten Freundin, der arroganten Verkäuferin oder der weinenden Schwester.

Die Crux ist: Es wird immer noch das uralte Programm aktiviert, und wir reagieren blitzschnell mit automatischen körperlichen und geistigen Veränderungen. Was heutzutage fehlt,

Angriff und Flucht: Das passiert

ist der Abbau der ausgeschütteten Stoffe, da die modernen Abwehrstrategien nicht mehr aus physischen Aktivitäten bestehen, sondern aus verbalen und kommunikativen Reaktionen. Flucht bedeutet nur noch in manchen Fällen, sich körperlich der Situation zu entziehen – Türenschlagen, Rausrennen. Flucht bedeutet heute: Nachgeben, Einlenken oder Herunterschlucken. Und ein Angriff unter zivilisierten Menschen äußert sich heute höchstens in wütendem Anschreien und wüstem Beschimpfen; tätliche Angriffe sind selten.

Harmoniebedürftige Personen haben überwiegend ihr Fluchtprogramm aktiviert. Nur manchmal reicht es selbst denen und sie schalten um auf Angriff – dann aber oftmals völlig übertrieben und der Situation nicht angemessen, da sich zu viel aufgestaut hat.

Für Sie persönlich bedeutet das: Sie sind durch Ihre Fluchtstrategie eventuell schnell der unangenehmen Situation entkommen oder haben sie sogar ganz vermeiden können, aber die Aufregung wirkt womöglich noch Stunden nach, weil sich Ihr Adrenalinspiegel erst langsam wieder auf Normalmaß einpendeln muss. Zudem bauen Sie auch noch Groll und Wut sich selbst gegenüber auf: Sie haben es wieder einmal nicht geschafft, Nein zu sagen, einen Streit durchzustehen oder für Ihre Bedürfnisse einzutreten.

Vielleicht fragen Sie sich: Wie soll ich es ausschalten, wenn es denn ein automatisches Programm ist? Für mich bedeutet es nun einmal Stress, wenn ich befürchte, dass jemand böse auf mich werden könnte, mich kritisiert oder es zu einem Streit kommt. Tatsächlich können Sie das Programm nicht abschalten, wenn es einmal gestartet wurde. Wenn Sie in stressige Situationen geraten, läuft es ab, ob Sie wollen oder nicht.

Aber: Was eine stressige Situation ist, liegt ausschließlich im Auge des Betrachters. Einer findet Fallschirmspringen euphorisierend, ein anderer bekommt schon beim Gedanken daran Herzrasen und Schweißausbrüche. Einer zuckt beim Stirnrunzeln seines Chefs nur lässig mit den Schultern, ein anderer überlegt panisch, wie er ihn beschwichtigen kann. An diesen Auslösern von Stress sowie an der Betrachtungsweise von Situationen und Verhaltensweisen können Sie glücklicherweise eine Menge ändern. Und somit auch Ihre Reaktionen neu gestalten. Sie können die Ereignisse nämlich mit mehr Gelassenheit und innerer Stärke betrachten und viel seltener in Aufregung geraten. Zudem können Sie auch in akuten Stresssituationen Ihr Verhaltensrepertoire erweitern und nicht mehr nur stereotyp mit einer Fluchtstrategie reagieren – eine reine Lern- und Übungssache, wie Sie noch sehen werden (dem 15. Säbelzahntiger standen unsere Vorfahren aufgrund ihrer Erfahrungen auch schon viel gelassener gegenüber als dem ersten).

Erziehung und Prägung: Daher kommt's

Sie haben also ein dominantes Harmonie-Gen erwischt, dem Sie nun bis an Ihr Lebensende hilflos ausgeliefert sind? Kein Ausweg aus der Falle? Trösten Sie sich: Ihr (übersteigertes) Harmoniebedürfnis ist, wenn überhaupt, dann nur zu einem geringen Teil angeboren. Der weitaus größere Teil ist erlernt und anerzogen. Denken Sie wieder daran: Als hungriges oder nasses Baby war auch Ihnen die Harmonie in Ihrer Umgebung völlig egal. Sie wollten etwas zu essen oder einen trockenen Popo und haben so lange lautstark aufbegehrt, bis Sie hatten, was sie wollten. Unbekümmert, selbstsicher und selbstverständlich haben Sie Ihr gutes Recht eingefordert. Ob es den geplagten, unter Schlafentzug leidenden Eltern passte oder nicht. Auch im Krabbelalter war von Harmoniebedürfnis noch nichts zu spüren. Sie wollten Ihre Umgebung erkunden. Ob dabei die wertvolle Porzellanvase von Tante Inga draufging, hat Sie wenig bekümmert. Ihre Eltern konnten Sie nur physisch kontrollieren, indem sie Ihren Aktionsradius auf ein ungefährliches und nicht so kostenintensives Maß beschnitten haben.

Aber dann begannen Sie zu sprechen und damit auch zu verstehen. In diesem Moment beginnt die eigentliche psychologische Erziehung. Und die hat leider viele manipulative Elemente und benutzt sehr häufig verschiedene Formen der emotionalen Erpressung. Negative Emotionen wie Schuldgefühle, Bestürzung, Scham, Angst, Unwissenheit und Unsicherheit sind zum großen Teil anerzogen. Mit negativen Emotionen kontrollieren Eltern ihre Kinder und manipulieren deren Verhalten.

(Ehe Sie Ihre geliebten Eltern nun anklagen und verurteilen: Bedenken Sie bitte, dass diese Art der Manipulation normalerweise nicht bewusst und absichtlich ausgeführt wird. Ihre Eltern sind ebenso unbewusst manipuliert worden und geben das erlernte Verhalten nun an ihre Kinder weiter. Sie brauchen deshalb keinen Groll zu hegen – es hilft aber, die Mechanismen zu durchschauen, dann brauchen Sie in Zukunft nicht mehr auf die emotionalen Tricks hereinzufallen!)

Vielleicht haben Sie als Kind auch eine ähnliche Situation erlebt: Sie waren mal wieder mit Ihren Freundinnen ausgebüxt, anstatt Ihr Zimmer aufzuräumen. Mit bekümmerter Miene und einem weinerlichen Ton in der Stimme stand Ihre Mutter nun vor Ihnen:

»Ich bin enttäuscht von dir!« – (*ein leichtes, kaum wahrnehmbares Schluchzen, die Stimme setzt kurz aus*). »Wie soll jemals etwas Vernünftiges aus dir werden.« – (*hoffnungslos-verzweifelter Blick*).

»Die Mama ist ganz traurig, wenn du ihr nicht gehorchst« – (*Steigerung: tränenschwangerer Blick und tiefer Stoßseufzer*). »Ich weiß nicht, was Papa dazu sagen wird.« – (*kleine Drohung am Schluss kann nicht schaden*).

Mit diesen Worten erhielt die Mama das erwünschte Resultat: Sie bekamen ein schlechtes Gewissen und räumten Ihr Zimmer auf, weil Sie ihr so viel Kummer bereitet haben. Obendrauf hatten Sie Angst, dass sie Sie nun nicht mehr lieb haben würde. Und wie der Papa erst reagieren würde …

Ihre Mutter hätte auch selbstbewusst und ehrlich sagen können: »Ich möchte, dass du dein Zimmer aufräumst, weil ich Unordnung nicht leiden kann. Ich kann gut verstehen, dass dir das keinen Spaß macht, räum's aber trotzdem auf.«

Doch vielen Eltern fällt es leichter, ihr Kind mit allgemeinen, nicht hinterfragten moralischen Werturteilen zu erziehen, auch weil sie es von ihrer eigenen Erziehung so gewohnt sind. Das gleiche gilt natürlich für Väter und für die Erziehung von Jungs:

»Ein Junge weint nicht, ein Junge ist tapfer. Lass dir nicht immer so viel gefallen, sonst muss sich der Papa ja für dich schämen. Zieh dir sofort etwas Anständiges an. Was sollen die Leute sagen, wenn sie dich so sehen.«

Und später, wenn man schon lange aus dem Haus ist:

»Wir haben uns für dich aufgeopfert, und das ist der Dank. Anrufen tust du auch nie. Dir ist es völlig egal, wie es deinen armen alten Eltern geht.«

Manipulative Erziehung beeinflusst unser Verhalten

Klar, wie die Botschaft lautet? *Es gibt ein allgemeines Gut und Böse. Du bist böse, wenn du nicht tust, was wir dir sagen.* Erwachsene fällen oft Werturteile und untergraben auf diese Weise das Selbstvertrauen von Kindern oder Jugendlichen. Außerdem drohen sie vielfach mit Liebesentzug und erzeugen somit Angst. Und da wir alle negativen Gefühle vermeiden wollen, lernen wir als Kinder normalerweise sehr schnell, die gewünschten Verhaltensweisen zu zeigen und unsere Wünsche und Meinungen zu unterdrücken.

Zudem entziehen sich Eltern (Lehrer, Verwandte, Nachbarn, Gemeindepfarrer und später Freunde, Kollegen oder Chefs) durch diese Art der Manipulation der Verantwortung und damit zermürbenden Diskussionen: Eine andere Instanz hat entschieden und fordert das Verhalten, nicht man selbst. Nicht ich bin es, sondern Gott, die Moral, die Gesellschaft, die Schule, der Anstand, die Gesundheit, die Höflichkeit, die Mode, die guten Sitten. Diese Instanzen werden als Richter herangezogen, die die Handlungen des Kindes bewerten, beurteilen, verurteilen. Somit wird dem Kind klargemacht, dass es nicht von seinem eigenen Urteil ausgehen darf. Andere haben das Recht, sein Verhalten und auch seinen Wert zu beurteilen.

Richtig, Kinder können nicht tun oder lassen, was sie wollen. Irgendjemand muss sie erziehen und ihnen soziale Regeln und moralisches Verhalten beibringen, denn das antiautoritäre Erziehungskonzept ist inzwischen auch sehr umstritten. Vielleicht kann man sich aber auch anderer Methoden bedienen als der emotionalen Manipulation? Die will nämlich ein gewünschtes Verhalten über das Erzeugen negativer Gefühle und über das Untergraben des Selbstwertgefühls erzwingen. Damit kann ich deine Verhaltensweisen kontrollieren und meine Ängste davor in Schach halten. Ein selbstsicherer, souveräner Umgang miteinander hingegen sagt: Das, was du willst oder tust, ist nicht gut oder böse, sondern es beeinträchtigt mich, dich oder unser Zusammenleben. Also ändere bitte etwas, auch wenn es dir nicht gefällt. Dann können wir wieder harmonisch miteinander leben.

Abgesehen davon, dass Manipulation keine elegante Erziehungsmethode ist: Ein Gut oder Böse gibt es ohnehin nicht. Es gibt nur individuelles Einschätzen und persönliches Moralempfinden. <u>Der oberste Richter – zumindest hier auf Erden – über Ihre Taten sind Sie selbst und Ihr Gewissen.</u> Das allein übernimmt die Verantwortung und trägt die Konsequenzen. Sogar das in unserer Gesellschaft oberste Gebot des menschlichen Miteinanders, *Du sollst nicht töten*, wird nicht von allen Kulturen als absolut gültig anerkannt. Und selbst in so genannten zivilisierten Staaten wird es laufend legal außer Kraft gesetzt: im Krieg, bei der gesetzlichen Regelung der Notwehr, beim finalen Todesschuss während einer Geiselnahme oder bei der Todesstrafe. Offensichtlich ist Töten nur in bestimmten Situationen böse.

Als Elternteil ist man nun einmal die Überwachungs- und Kontrollinstanz für sein kleines Kind. Man selbst bestimmt die Regeln und trägt die Verantwortung, nicht irgendwelche namenlosen Autoritäten. Viele Eltern vergessen allerdings, dass sich das mit zunehmendem Alter des Kindes ändert. Spätestens in der Pubertät dürfen sie die neue Verteilung der Verantwortung zugunsten ihrer – hoffentlich selbstbewussten – Kinder daher auf oftmals unangenehme Art und Weise schmerzlich lernen.

Kinder sind von den Urteilen der Erwachsenen, von denen sie physisch und emotional abhängig sind, stark geprägt. So lernen Sie früh, dass Sie angeblich gute und schlechte Bedürfnisse und Verhaltensweisen haben, über die andere urteilen wollen und dürfen. Ihr eigenes Urteil wird immer mehr zurückgedrängt. Auf diese Weise wird eine emotionale Abhängigkeit von der Anerkennung anderer Menschen geschaffen, die sich sehr gut zur Verhaltenskontrolle nutzen lässt. Je ausgeprägter diese – bewusste oder unbewusste – Manipulation in Ihrem Elternhaus war und je mehr Sie sie verinnerlicht haben, desto mehr haben Sie Ihr ursprüngliches Selbstvertrauen und Ihre innere Stärke zurückgenommen und beugen sich nun, zumindest äußerlich, diesen Erwartungen.

Doch Erwachsene sind selbst verantwortlich für ihre Wünsche, Bedürfnisse und Forderungen – nicht *es* oder *man*, nicht die Gesellschaft, der Papst, die Amerikaner, das Wetter oder die Mode und so weiter.

Die Erwartungen an rollenkonformes Verhalten sowie die Kriterien sozialer Akzeptanz und Beliebtheit sind bei Männern und Frauen immer noch deutlich unterschiedlich ausgeprägt. Emanzipation hin oder her: Harmoniestreben tritt bei Frauen deutlicher zutage, obwohl es auch viele harmoniesüchtige Männer gibt. Die setzen mehr oder weniger die gleichen Vermeidungsstrategien ein – vielleicht ein wenig markiger verpackt und dem Rollenverhalten entsprechend abgewandelt. Männer haben zum Beispiel ihren Tränenfluss meist stärker unter Kontrolle als die Damen. Fluchttendenzen haben harmoniesüchtige Männer allerdings ebenso. Doch selbst wenn sie noch so virtuos vor Konflikten fliehen, sie elegant ignorieren oder mit trotzig gerecktem Kinn aussitzen: Sie werden dadurch nicht gelöst, sondern nur immer schlimmer.

Gefühle und Beziehungen sind immer noch Frauensache

Sie als Frau sind nach wie vor überwiegend für harmonisches Miteinander zuständig. Sie sollten hilfsbereit, aufopfernd, kompromissbereit, nachgiebig, einfühlsam und verständnisvoll sein. Und sexy natürlich obendrein. Sie können zwar top-ausgebildet die Führungsebenen erobern und Unternehmen managen, Sie sollten aber dennoch nicht klüger und erfolgreicher sein als ein Mann – und auch nicht deutlich größer oder älter als der Herr an Ihrer Seite. Sie sollten keine Haare auf den Zähnen haben und als Regierungschefin ein eisernes Regiment führen. Tun Sie es doch, geraten Sie in den Verdacht, nicht wirklich weiblich zu sein. Vielmehr sollten Sie sich hauptsächlich um die Familie, die emotionalen Bedürfnisse Ihrer Mitmenschen und die sozialen Kontakte kümmern. Ihr eigenes Geld dürfen Sie zur Entlastung des Haupternährers natürlich trotzdem verdienen – wenn Sie dabei nur nicht Ihre Pflichten in Haus und Hof vernachlässigen.

Ja, das ist alles überspitzt formuliert, aber das tägliche Leben zeigt uns, dass solche oder ähnliche Erwartungen an Frauen immer noch existieren – teils implizit, teils explizit. Wir lernen am Modell und durch die Prägung und Erwartungen unserer Umwelt. Das klassische Familienmodell in unseren Breitengraden sieht weiterhin so aus: Der Vater ist der Ernährer und die Mutter die Hüterin der Familie. Und unsere Kinder werden nach wie vor danach erzogen. (Interessant: In Paarbeziehungen werden Verabredungen mit Freunden und Familientermine übrigens fast ausschließlich von den Frauen arrangiert.) Das Gegenmodell, in dem die Frau selbstbewusst, stark und autark ist, ruft anscheinend das völlig überzogene Bild der Feuer speienden, streitsüchtigen Emanze hervor. Und das nicht nur bei Männern.

Für manche Frauen scheint dieses Horrorbild mangels positiver Vorbilder die einzige Alternative zur demütigen Sanftmut zu sein. Es ist so abschreckend für sie, dass sie lieber die Nachteile der Harmoniesucht in Kauf nehmen, als zu solch einem Ungeheuer zu mutieren.

Diese (frühkindlichen) Prägungen haben wir in unterschiedlichem Ausmaß verinnerlicht und oft nicht bewusst hinterfragt. Wir agieren nach diesen Mustern, auch wenn wir heute erwachsen sind, für uns selber sprechen und einstehen können. Solche und ähnliche inneren Antreiber lassen uns immer wieder in die Harmoniefalle tappen:

- Gefalle den anderen!
- Sei nett!
- Nimm Rücksicht!
- Sei kein Egoist!
- Wer Nein sagt, macht sich unbeliebt!
- Gib keinen Anlass zur Kritik!

Helfersyndrom, Beißhemmung und das Fähnchen im Winde

Neben den früh gelernten Faktoren Erziehung, Prägung und Erwartungen der Umwelt gibt es natürlich noch ein paar weitere, eher »selbst gemachte« Ursachen der Harmoniesucht. Eine mangelnde Lebens- oder Zielorientierung kann ebenso dazu führen, dass wir gemäß den Wünschen anderer agieren, weil uns unsere eigenen nicht klar genug sind. Gefragt, was man will, zuckt man mit den Schultern und lässt den anderen bestimmen. Fatal ist es allerdings, wenn einem das Ergebnis hinterher nicht gefällt.

Oder der jedem Lebewesen angeborene Aggressionstrieb ist nur schwach ausgeprägt. Doch der ist absolut notwendig, um für unsere Interessen und Bedürfnisse einzustehen und unsere Unversehrtheit sowie unser Überleben zu garantieren. Wohlgemerkt, es geht hier nur um den gesunden Aggressionstrieb, der uns vor unrechtmäßigen Übergriffen anderer schützt und uns hilft, unsere Grenzen deutlich zu machen. Sollte Ihnen Ihr Liebster einmal im Überschwang der Emotionen ein Veilchen verpassen wollen, wäre es angemessen, wenn Sie sich das mit genug Wehrhaftigkeit verbitten würden. Das gilt auch für andere Situationen: Nicht umsonst gibt es Selbstverteidigungskurse speziell für Frauen, in denen diese lernen, die selbst in Notsituationen stark ausgeprägte weibliche »Beißhemmung« zu überwinden.

Auch das »Helfersyndrom« lässt Frauen in die Harmoniefalle treten. Durch die Hilfe für andere bekommt man das angenehme und beruhigende Gefühl, gebraucht zu werden: Stolz kann man sich sagen, dass das Kindergartenfest ohne das eigene Zutun ein einziges Chaos geworden wäre. Dadurch, dass man anderen beistehen kann, wird ganz nebenbei das eigene Selbstwertgefühl aufgepäppelt. Man fühlt sich dem Bedürftigen überlegen: Die hilflose Brigitte hätte ihre Scheidung nie verwunden, hätte man sie nicht permanent aufgerichtet.

Passionierte Helfer und Helferinnen können übrigens ziemlich lästig werden, weil sie ihre Hilfe auch völlig unaufgefordert einbringen und sich dadurch in alles einmischen. Jeder kennt solche Situationen. Wehrt man sich dagegen, bekommt man häufig ein weinerliches »Aber ich habe es doch nur gut gemeint!« zu hören – einer der destruktivsten Sätze, die es gibt.

Weitere Kandidaten für die unfreiwillige »Überharmonie« sind stark emotional geprägte Menschen. Ihnen fällt es schwer, Situationen auch einmal leidenschaftsloser, distanzierter, logischer zu betrachten. Wenn auch Sie zu den empathischen Zeitgenossen gehören, sind Sie übermäßig schnell bereit, sich in die Situation des anderen hineinzuversetzen. Bei beleidigten oder enttäuschten Reaktionen suchen Sie die Schuld dann schnell bei sich selbst.

Bei allem Verständnis für Ihr Verständnis: So verlieren Sie die Angemessenheit und Legitimität der Handlungen, Wünsche und Forderungen des anderen völlig aus den Augen. Kaum rollen bei Ihrem Gegenüber ein paar Krokodilstränen, akzeptieren Sie auch schon unangemessene bis unverschämte Ansinnen. Hinterher fragen Sie sich entsetzt, warum Sie diesen oder jenen Wunsch nicht einfach abgeschlagen haben. Und so verbringen Sie einen grauenvollen Urlaub am Gardasee mit der neuen, nervigen Kollegin, weil die angeblich so einsam ist. Dabei hatten Sie sich so sehr auf den beschaulichen Strandurlaub in Griechenland gefreut.

Ein weiterer fataler Mechanismus hält Frauen in der Harmoniefalle gefangen: Unglücklicherweise verknüpfen sie ihr Selbstvertrauen und ihr Selbstbewusstsein mit dem Grad ihrer Beliebtheit. Je mehr zwischenmenschliche Anerkennung sie erreichen, desto mehr sind sie »wert«. Wenn sie mit jemandem nicht gut auskommen oder das Verhältnis getrübt ist, geben sie automatisch sich die Schuld und stecken zurück – ein massiver Dämpfer fürs Selbstwertgefühl. Furchtbar, wenn das Selbstvertrauen abhängig ist von den Launen und dem guten Willen anderer Menschen. Man kann nicht immer mit jedem gut klarkommen – muss man auch nicht.

Und zu guter Letzt kann das zu häufige Nachgeben und Zurückstecken um der Harmonie willen auch daran liegen, dass Sie nie geübt haben, sich durchzusetzen. Ihnen fehlen womöglich zielführende Strategien und Verhaltensweisen. Wenn Sie selbst in einer übertrieben harmoniebedürftigen Familie aufgewachsen sind, wurden Auseinandersetzungen vermieden und Konflikte unter den Teppich gekehrt. Sie hatten einfach nie Gelegenheit zu lernen, wie man sich gegen überzogene Forderungen und Übergriffe wehrt. Selbstverständlich tun Sie sich heute damit schwer.

Ursache erkannt – Gefahr gebannt? Fast, aber noch nicht ganz. Machen Sie sich im Folgenden die Stärken und Schwächen Ihres Harmoniebedürfnisses bewusst. Und vor allem den Preis, den Sie dafür zahlen müssen. Werfen Sie einen Blick auf

Ihr Ziel: Sie wünschen sich harmonische Beziehungen in einer ausgewogenen Balance von Geben und Nehmen? Diese Beziehungen sollen erfüllend sein, bereichernd und geprägt von echtem gegenseitigem Respekt? Dafür lohnt es, sich auf eine ehrliche Selbstanalyse einzulassen.

Monika und Maja: ein Fall(en)beispiel

Fassungslos sitzt Monika Schulte in ihrem Büro und weiß nicht, ob sie weinen oder toben soll. Wieder und wieder geht ihr das Gespräch durch den Kopf, das sie gerade zufällig im Kopierraum mitangehört hat. Monika ist Ende 20 und arbeitet in einer kleinen Werbeagentur. Der Job macht ihr Spaß. Er ist abwechslungsreich, und sie ist fachlich sehr erfolgreich. Mit ihrer Chefin Petra und den Kollegen kommt sie gut aus, sie ist allseits beliebt und respektiert. Dachte sie zumindest bis eben. Erschüttert zieht sie Bilanz über ihren Arbeitseinsatz in den vergangenen Monaten:

Wenn Not am Mann war, war sie immer die Erste – und oft auch die Einzige –, die klaglos Überstunden machte und einem Kollegen unter die Arme griff. Sie weiß gar nicht mehr, wie viele Wochenenden sie in der Agentur verbrachte, weil sie ihren Kollegen Tina und Rolf während der Woche bei der Ausarbeitung ihrer Präsentationen geholfen hatte und ihre eigene Arbeit darüber vernachlässigte. Für Petra organisierte sie nebenher Meetings, weil deren Sekretärin überlastet war. Monika fühlte sich immer anerkannt und war stolz, dass die anderen gerade sie um Hilfe baten. Gegenseitige Hilfe unter Kollegen ist ja wohl selbstverständlich, und ohne Teamgeist läuft schließlich gar nichts.

Erst gestern jammerte Tina wieder, dass sie mit dem Präsentationsprogramm einfach nicht zurechtkäme und ohne ihre Hilfe aufgeschmissen sei. Monika, mit ihrer eigenen Arbeit unter Zeitdruck, erwiderte zaghaft, es passe im Moment nicht so recht. Tina sah sie aber derart verzweifelt an, dass sie ihre Hilfe nicht verweigern konnte. Aus diesem Grund fiel ihr abendliches Fitnesstraining aus, auf das sie sich gefreut hatte und das wegen ihrer Rückenprobleme notwendig war. Tina verschwand auffallend früh und fröhlich winkend zu einer privaten Verabredung. Was hat Monika hier alles an Zeit investiert – Betriebsfeiern organisiert zum Beispiel. Einer musste es ja schließlich machen. Und sie hat nun mal »ein Händchen fürs Organisatorische«, wie Rolf immer so schön sagt.

Vor zwei Wochen bekam die Agentur den Zuschlag für einen neuen großen Werbeetat. Monika war sich sicher, dass Petra ihr die Verantwortung dafür übertragen würde. Sie ist am längsten dabei, hat die größte Erfahrung und ist fachlich qualifiziert für den Job. Und jetzt dies:

Sie war eben im Kopier- und Druckerraum, weil der Farbdrucker mal wieder nicht reagierte. Die Putzfrau hatte schon wieder das Verbindungskabel beim Staubsaugen herausgerissen, und so krabbelte Monika unter den Tisch in der Ecke, um es wieder einzustecken. In dem Moment betraten Tina und Rolf den Raum – offensichtlich in ein Gespräch vertieft.

»Gut, dass sie dir den Etat gegeben haben«, hörte Monika Rolf sagen. »Jemand anderes kam auch nicht infrage.«

»Naja, mir tut es schon leid für unser Moni-Schäfchen. Sie ist deutlich länger da als ich«, sagte Tina. »Aber mal ehrlich: Kannst du dir vorstellen, wie sie ein Team leitet und dem Kunden Paroli bietet, wenn er was Unsinniges verlangt? Jeder macht doch mit ihr, was er will. Mir kommt sie vor wie ein Wackelpudding.«

Rolf lachte. »Schöner Vergleich. Irgendwie mag ich sie ja – sie ist halt so eine Liebe. Sicher, bisschen langweilig vielleicht. Aber es ist für uns alle von Vorteil, dass sie die lästigen Arbeiten immer so schnell an sich reißt. Nur ernst nehmen kann man sie halt nicht. Die fällt doch sofort um, wenn sie einer schief anguckt. Ich erwarte schon, dass man auch mal Rückgrat zeigt, egal, ob Mann oder Frau.«

»Meine Rede. Ich lass mich nicht so leicht unterkriegen. Sicher, das bedeutet jetzt mehr Arbeit, aber wenn ich Unterstützung brauche, habe ich ja immer noch Moni ...« Tina und Rolf sammelten ihre Kopien ein und schlenderten lachend hinaus.

So ist das also! Monika schlägt mit der Faust auf den Schreibtisch und beißt sich auf die Lippe. Da opfert man sich auf, schlägt sich die Wochenenden um die Ohren, ist hilfsbereit, kollegial und nett zu allen, will es immer allen recht machen – und was ist der Dank? Wackelpudding! Anscheinend ist sie in der Agentur weder beliebt, noch wird sie respektiert. Jetzt geht ihr auch auf, dass sie die Kollegen immer zu ihrem Geburtstag einlädt, selbst aber nie dazu gebeten wird. Und was besonders schmerzt: Die Agenturchefin Petra hat ihr diese Entscheidung noch nicht einmal persönlich mitgeteilt.

Everybody's Darling, everybody's Depp. Monika ist auf allen Ebenen voll in die Harmoniefalle getappt. Sie wollte harmonische Beziehungen zu ihren Kollegen und ihrer Chefin, keine Streitereien und Konflikte im Team. Sie wollte ein ungestörtes Verhältnis zu ihren Mitmenschen, nirgendwo anecken, anerkannt und gemocht werden, bei allen beliebt sein. Und dafür hat sie ihre Stärken voll eingesetzt: Einfühlungsvermögen in die Situation des Gegenübers, Sensibilität für die Emotionen und Bedürfnisse anderer, Rücksichtnahme und Hilfsbereitschaft, Toleranz und Verständnis, Schlichtungs- und Vermittlungskompetenz bei Meinungsverschiedenheiten.

Dabei hat sie leider völlig vergessen sich abzugrenzen, für ihre eigenen Bedürfnisse und Rechte einzustehen, ihre innere Stärke einzusetzen, in unangenehmen Situationen ihren Standpunkt zu verteidigen und auch einmal Nein zu sagen. Sie hat keinerlei persönliches Profil und Durchsetzungskraft gezeigt – und keinen Mut, aufzubegehren und auch mal etwas Neues zu wagen, selbst wenn es den anderen vielleicht nicht gefallen wird.

Wie soll sie es bloß allen recht machen?

Ohne diese Balance schnappt die Harmoniefalle zu: Die potenziellen Stärken kehren sich um in Schwächen. Verständnis und Toleranz werden zu Naivität und führen zu Entscheidungs- und Handlungsunfähigkeit: Entscheidet sie sich für A, gefällt es dem einen nicht, entscheidet sie sich für B, ist ein anderer unzufrieden. Übertrieben diplomatische Rücksichtnahme auf die Bedürfnisse und Meinungen aller lässt Monika zum Fähnchen im Winde werden. Ohne Courage stimmt sie demjenigen zu, mit dem sie gerade spricht, auch wenn sie das Thema insgeheim für Schwachsinn hält. Nur niemanden durch Widerspruch verärgern und die Harmonie gefährden, nicht wahr? So kommt es, das Monika kein wahrnehmbares individuelles Profil hat und von niemandem ernst genommen wird. Ein Wackelpudding eben, irgendwie fad und langweilig.

Alles stets unkommentiert zu schlucken und Konflikten permanent aus dem Weg zu gehen, geht natürlich nicht spurlos an Monika vorüber. Irgendwo muss die negative Energie ja bleiben. Und weil sie sie nicht im Gespräch verarbeiten und konstruktiv einbringen kann, wirkt sie sich eben woanders aus: Sie hat nicht umsonst Nackenverspannungen und Rückenprobleme.

Außerdem fehlen Monika durch das vorschnelle Zustimmen konkrete Lernerfahrungen: Wie reagieren Menschen wirklich, wenn man ihnen widerspricht oder etwas abschlägt? Da hat sie nur Vermutungen, die sich im Rahmen eines Horrorszenarios bewegen. Aufgrund ihres übertriebenen Verständnisses von Harmonie ist sie extrem empfindlich für Kritik. Die schmettert sie völlig nieder – sei sie auch noch so vorsichtig geäußert. Kritik an einem Tippfehler versteht Monika gleich als Hinterfragung ihrer ganzen Person. Wegen einer Lappalie befürchtet sie, nicht mehr gemocht zu werden. Auf diese Weise verbaut sie sich Lernchancen und geht Möglichkeiten zur Weiterentwicklung aus dem Weg. Jeder macht Fehler, die Kritik hervorrufen können – doch für Menschen ist diese Rückmeldung wichtig. Aber Monika würde es nie wagen, Kritik zu äußern. Sie findet lieber immer alles toll. Kein Wunder, dass sie immer seltener nach ihrer Meinung gefragt wird. Denn die ist nichtssagend.

Monika opfert Freizeit und Erholungsphasen, weil sie niemandem etwas abschlagen kann. Ihre Hilfsbereitschaft auf Kosten der eigenen Bedürfnisse, Nerven und Zeit führt auf Dauer zu Stress und Zeitnot. Schlimmstenfalls führt sie zum Burnout – der natürlich auch aus anderen Gründen als Harmoniesucht auftreten kann. Unangenehmer Nebeneffekt: Sie wird als unzuverlässig angesehen, weil sie eigene Projekte nicht mehr pünktlich abwickeln kann.

Die Kollegen, aber auch die Familie, Freunde und Bekannten haben im Umgang mit Monika gemerkt, wo ihre wunden Punkte sind: ihr ausgeprägtes Harmoniebedürfnis, ihre Angst vor Kritik, ihre Zurückhaltung beim Neinsagen, ihre emotionale Sensibilität, ihre stete Hilfsbereitschaft. Und wie Menschen nun einmal sind, nutzen etliche von ihnen diese Kenntnis aus: bewusst oder unbewusst, aber auf jeden Fall schamlos. Monika ist in etlichen Verhaltensmustern berechenbar und somit anfällig für Manipulationen jeder Art: Man nehme als Grundzutat ein wenig von der Mitleidstour, eine Prise moralische Enttäuschung dazu, der Hauch eines Stirnrunzelns darüber, ein scharfer Blick als Krönung obendrauf – diese Rezeptur führt so gut wie immer zum Erfolg. Vielleicht leistet sie anfangs noch halbherzig Widerstand, schließlich tut sie ja doch, was man von ihr will.

Als wären das noch nicht genug der Nachteile: Das schlimmste Resultat ist die mangelnde Selbstachtung und der Ärger über sich selbst. Im Grunde genommen findet Monika ja selbst, dass sie einem leise blökenden Schäfchen ähnelt. Das hat sie schon oft geärgert – bei jedem Nachgeben ein bisschen mehr. Trotz guter Vorsätze, beim nächsten Mal standhaft zu bleiben, schafft sie es aber einfach nicht. Sie lässt zu, dass andere über sie bestimmen und sie nicht wirklich die Verantwortung für ihr Leben übernimmt. Ihr Selbstbewusstsein ist dementsprechend häufig eher im Keller als im Erdgeschoss zu suchen, geschweige denn eine Etage höher.

Die bittere Ironie: Monika bekommt in keiner Hinsicht das, was sie sich erträumt hat. Die anfängliche Beliebtheit schlägt mehr und mehr in Geringschätzung, sogar Verachtung, um. Daraufhin erfolgt ein Rückzug von ihr. Der vermeintlich reibungslose Alltag mit pseudoharmonischen Beziehungen birgt erheblichen Sprengstoff, weil am Ende doch zu viele Dinge ungeklärt bleiben. Ihre Hilfsbereitschaft wird nicht erwidert, sondern ausgenutzt. Und wenn *sie* einmal jemanden braucht, steht sie allein da.

Ein weiterer teuflischer Mechanismus kommt hinzu: Je mehr man sich den Menschen durch Flucht und Nachgeben entzieht, desto mehr setzen die einem nach. Es liegt in der Natur des Menschen, dass er wissen will, wo bei einem anderen die Grenzen liegen, wo der harte Kern sitzt, woran man sich im Umgang mit ihm orientieren kann. Und da sind Erwachsene nicht anders als Kinder in der Trotzphase, die ihre Grenzen ausloten wollen: Man geht weiter und weiter, setzt hartnäckig noch eins drauf, wird fast ein bisschen bösartig, nur weil man endlich wissen will, wann das Gegenüber sich endlich wehrt. Auch Erwachsene haben eben ein starkes Bedürfnis nach Orientierung, Regeln und Klärung der Kräfteverhältnisse.

Es gilt also, eine erschütternde Nachricht zu verdauen: Von all den Milliarden Menschen, die derzeit auf unserer Erde leben, wird Sie selbst dann nicht jeder mögen, wenn Sie versuchen, es allen recht zu machen! Die anonymen Milliarden interessieren Sie gar nicht – es sollen Sie nur die Leute mögen, die Sie kennen? O je, dann kommt es noch schlimmer für Sie. Auch unter den Menschen, die Sie kennen, gibt es etliche, die Sie nicht mögen oder mit denen Sie wiederum nicht auskommen. Das ist natürlich in Wirklichkeit keine schlimme, sondern eine gute Nachricht. Monika ist ja nun wirklich kein Vorbild.

Wenn Sie wirklich jeder mögen würde, hätten Sie keinerlei individuelle Züge. Sie wären wie ein formloses, verwaschenes, sackartiges T-Shirt, das zwar jedem irgendwie passt, in dem sich aber auch keiner richtig wohl fühlt. Maßgeschneiderte Kleidungsstücke passen nun einmal nicht für jede Figur. Aber welch ein Unterschied fürs Wohlbefinden, wenn man das passende

Kleidungsstück gefunden hat! Das gilt auch für menschliche Beziehungen: Wie inspirierend, wenn man jemanden gefunden hat, der einen ergänzt und anregt. Und für den man umgekehrt ebenso interessant und förderlich ist.

Geben und Nehmen – es geht auch anders

Monikas beste Freundin heißt Maja. Im Grunde sind die beiden sich recht ähnlich: Auch Maja ist sensibel, einfühlsam, möchte gute Beziehungen zu ihrer Umwelt haben, nimmt die Meinungen ihrer Freunde und Kollegen ernst. Auch sie ist hilfsbereit, kollegial und engagiert sich für ein gutes Klima im Team. Auch sie freut sich über Anerkennung und mag keine Streitereien. Aber Maja hat gelernt, ihre innere Stärke einzusetzen und auch für ihre eigenen Belange einzustehen, wenn es nötig ist. Selbst, wenn es dem Gegenüber erst einmal nicht gefällt.

Am Abend von Monikas schockierender Erkenntnis sitzen die beiden bei einem Glas Wein zusammen. Monika kommt mal wieder zu spät, weil sie sich in letzter Sekunde noch eine Kopierarbeit hat aufhalsen lassen. Maja, die ebenfalls bei einer Werbeagentur arbeitet – im Bereich Finanzen und Controlling –, ist schon da. Monika hat ein schlechtes Gewissen, weil sie sie hat warten lassen. Aufgewühlt erzählt sie ihrer Freundin von dem Gespräch, das sie im Büro mit angehört hat.

»Was mache ich bloß falsch? Ich will nicht mit ausgefahrenen Ellbogen durchs Leben stapfen und von keinem gemocht werden. Du stehst bei deinem Team so hoch im Kurs, und auch deine Freunde sind für dich da, wenn du sie brauchst – obwohl du ganz schön kritisch bist. Aber meine Kollegen sind so undankbar ...«

»Natürlich sollst du nicht rücksichtslos die Ellbogen einsetzen. Aber es ist naiv zu glauben, du könntest es allen recht machen. Immer nur Ja und Amen zu sagen führt zu gar nichts«, sagt Maja energisch. »Ich glaube, du verwechselst da belanglose Beliebtheit und undifferenzierte Dankbarkeit mit echtem menschlichem Respekt.«

Monika ist fest entschlossen, im Umgang mit ihren Mitmenschen etwas zu verändern. Die Freundinnen überlegen gemeinsam, was Maja anders macht als sie.

Maja hat ein gutes Gespür dafür, wann jemand ein bisschen bequem ist oder überzogene Ansprüche an sie hat. Sie ist in der Lage, wenn auch ungern, Nein zu sagen und kann damit umgehen, wenn der andere sauer reagiert. Ausnutzen lässt sie sich nicht. Einer Kollegin, die partout nicht mit einem Computerprogramm klarkommen wollte, hat sie freundlich angeboten, es ihr in einer ruhigen Stunde zu erklären, damit sie es künftig selber bedienen kann. Der Vorschlag kam zuerst nicht so gut an, aber schließlich hat die Kollegin wohl oder übel Majas Angebot angenommen.

Und wenn jemand etwas von ihr verlangt, was ihre eigene Selbstachtung untergraben würde, gibt es keinen Zweifel – darauf lässt sie sich nicht ein. Vor kurzem hat ihr smarter Chef sie mehr oder weniger direkt dazu aufgefordert, bei der Verbuchung einiger Ausgaben eine »gewisse buchhalterische Kreativität gegenüber dem Finanzamt« an den Tag zu legen. Die Zeiten seien hart und daher alle Möglichkeiten der Kostenreduktion auszuschöpfen. Maja hat über seine Bitte nachgedacht und ihm entschlossen mitgeteilt, dass sie die Posten, wie immer, ordnungsgemäß verbuchen würde, da sie eine andere Vorgehensweise nicht mit ihrem Gewissen vereinbaren könne. Die Entscheidung ist ihr nicht leichtgefallen, aber sie wollte nichts tun, was ihrem Gewissen zuwiderlief. Ihr Chef war überhaupt nicht erfreut, hat ihr aber Tage später widerwillig seinen Respekt bekundet und ihr einen Teamleiterposten angeboten: Wer sich traue, sich derart gegen ihn durchzusetzen und für seine Überzeugungen einzustehen, dem traue er auch zu, mehr Verantwortung zu übernehmen. Mit Jasagern könne er sowieso nichts anfangen.

Maja sucht keinen Streit, sondern geht immer erst den sanften Weg. Wenn der nicht zum Erfolg führt, weicht sie aber Konflikten nicht aus. Sie ist durchaus diplomatisch und kompromissbereit, achtet jedoch genau auf die Grenze zu ihrer Selbstachtung und zur Fairness allen gegenüber. Faule Kompromisse geht sie nicht ein – dann lebt sie lieber damit, dass jemand sauer auf sie ist.

Die Meinung von Personen, die ihr etwas bedeuten, nimmt sie ernst. Bei Kritik schreit sie auch nicht Hurra, aber sie denkt darüber nach und entscheidet selbst, ob die Einwürfe gerechtfertigt sind und ob sie etwas ändern möchte oder nicht. Sie hat gelernt, Kritik konstruktiv zu äußern und tut dies auch, wenn es für die Weiterentwicklung einer Beziehung notwendig ist.

Erwartungen, die andere an sie haben, ignoriert sie nicht, sondern fragt sich, ob sie angemessen sind. Muss sie Tante Inga jeden zweiten Sonntag besuchen, weil die aufgrund ihrer Herrschsucht die eigenen Kinder vergrault hat? Muss sie den Plänen ihres abendlichen Begleiters entsprechen, der sie drängt, noch mit nach oben zu kommen? Auch wenn der dreimal sagt, dass doch nichts dabei sei, als erwachsene Menschen ein bisschen Spaß miteinander zu haben: Nein, sie will es eben nicht.

Dabei lässt sie die üblichen Argumente wie »Als Frau sollten Sie aber ...«, »Das macht man so nicht ...«, »Bei uns ist das so üblich ...«, »Aber du bist doch schließlich freiwillig mitgegangen ...«, bis hin zu »Da werden Sie sich aber umschauen, wenn Sie ...« nicht gelten, sondern bildet sich ihre eigene Meinung, ob etwas realistischer- und fairerweise von ihr erwartet werden kann oder nicht.

Anerkennung ist ihr wichtig, jedoch nicht um jeden Preis. Ihre eigene Einschätzung ist für sie mindestens genau so wichtig wie die Meinung anderer; im Zweifelsfall ist ihre ausschlaggebend. Das Ergebnis: Maja ist respektiert, geachtet und beliebt (nicht bei allen, aber bei denen, auf die es ihr ankommt). Sie hat harmonische und erfüllende Beziehungen, denen eine kleine Auseinandersetzung nichts anhaben kann. Im Gegenteil, ab und zu empfindet sie sie sogar als förderlich. Die anderen wissen genau, woran sie bei ihr sind und schätzen sie gerade wegen ihrer Zuverlässigkeit und der Fähigkeit, für ihre Meinung einzustehen. Sie zeigt Rückgrat, ohne intolerant zu sein, sondern ist für andere Sichtweisen und Kritik sehr aufgeschlossen. Ihre Selbstachtung und ihr Selbstbewusstsein sind nicht allein abhängig von der Zustimmung anderer, obwohl sie sich über ernst gemeinte Anerkennung und Rückmeldung natürlich freut. Sie hat erkannt, dass sie allein die Verantwortung für ihr Handeln und für ihr Leben trägt, ob das anderen nun gefällt oder nicht. Und dass davon ihr Selbstbewusstsein und ihr Seelenheil nicht abhängen.

Monika wird in diesem Gespräch einiges klar. So würde sie es auch gerne handhaben. Jetzt muss Schluss sein mit dem faden Wackelpudding.

Zeit für eine persönliche Bestandsaufnahme

Monika und Maja – das sind zwei absichtlich pointierte Beispiele. Vielleicht gibt es tatsächlich Monikas und Majas in Reinkultur – aber die meisten bewegen sich wohl irgendwo dazwischen. Wo Sie sich auf der Skala zwischen Monika und Maja befinden, können Sie in den folgenden Kapiteln ermitteln. Ein Fragebogen sowie weitere Werkzeuge zur Selbstanalyse werden Ihnen bei Ihrer persönlichen Bestandsaufnahme helfen. So können Sie lernen, Ihre innere Stärke (wieder) zur Geltung zu bringen.

Die Grunderkenntnis dazu haben Sie vielleicht schon verinnerlicht: *Sie* sind die oberste Autorität für Ihr Handeln und Ihre Lebensgestaltung. Ihre Selbstachtung sowie Ihr Gewissen stehen im Rahmen eines menschlichen und fairen Miteinanders an oberster Stelle. Moral, Anstand, Werte, Sitten, gesellschaftliche Dos und Don'ts sowie Gesetze ändern sich im Laufe der Zeit und im Wandel der Kulturen. Früher – und in den meisten Teilen der Welt ist es heute noch so – war es verpönt, wenn eine Frau vor der Ehe sexuell aktiv war und sich ihre Sexualpartner selbst auswählte. Der Minirock ist erst seit kurzem gesellschaftsfähig. Zu viel Verstand und Bildung zeugte von Anmaßung und ziemte sich nicht für eine Dame. Arbeiten außer Haus war moralisch verwerflich. Kritik an Politikern war einmal strafbar. Folter war einmal legal. Frauen, die auf der Straße rauchten und allein in die Kneipe gingen, waren vulgär ... die Liste ließe sich endlos fortsetzen.

»Die Laster von gestern werden die Sitten von heute«, stellte Seneca einmal eher resignierend fest. Es gibt kein dauerhaftes Richtig oder Falsch, kein universelles Gut oder Böse. Ihre Einschätzung und Ihr Gewissen gegenüber der Allgemeinheit sind die Instanzen, die den Ausschlag geben. Natürlich können Sie herrschende Regeln freiwillig als für Sie gültig anerkennen und befolgen; bei den meisten Gesetzen und Grundregeln des menschlichen Miteinanders ist das sicher empfehlenswert. (Wenn Sie möchten, können Sie auch geltendes Recht ignorieren, sofern Ihr Gewissen es Ihnen diktiert. Nur müssen Sie natürlich damit rechnen, unter Umständen den Rest Ihres Lebens im Gefängnis zu verbringen.)

Das Ausmaß Ihres Harmoniestrebens sollte durch Ihre eigenen Bedürfnisse, Ihre Selbstachtung und Eigenverantwortung in eine vernünftige Balance gebracht werden. Sie möchten sich künftig auch auf sanfte, aber hartnäckige Art durchsetzen und sind neugierig, wie das konkret im Alltag funktioniert? Dann dürfte Sie der Praxisteil interessieren.

3 Praxisteil: Raus aus der Harmoniefalle!

Starten Sie mit der Bestandsaufnahme. Wo schnappt bei Ihnen die Harmoniefalle am stärksten zu? Befragen Sie sich selbst. Dabei sollten Sie nett zu sich sein, aber auch offen und ehrlich. Es gibt kein Richtig oder Falsch. Ihr Ergebnis wird nicht bewertet und muss auch niemand anderem gefallen. Es dient einzig und allein Ihnen, sich ein wenig mehr Klarheit über Ihr Verhalten zu verschaffen.

Wenn Sie einer Aussage überwiegend zustimmen, kreuzen Sie Ja an; wenn Sie sich gar nicht damit identifizieren können, Nein. Machen Sie Ihre Kreuzchen ruhig spontan – das erste Gefühl ist meistens auch das richtige.

Test mit intimen Fragen: Sitzen Sie drin?

Nr.	Aussage	Ja	Nein
A	Ich fühle mich überwiegend selbst dafür verantwortlich, dass diejenigen, die mit mir zu tun haben, sich wohl fühlen.		
B	Es ist für mich wichtig, von anderen akzeptiert zu werden.		
C	Anweisungen äußere ich selten direkt, sondern eher in Form einer Bitte, damit der andere sich nicht auf den Schlips getreten fühlt und sauer wird.		
D	Menschen, die laut und aggressiv werden, machen mir so viel Angst, dass ich sofort nachgebe.		
A	Ich versuche oft herauszufinden, was die anderen von mir erwarten, damit ich mich danach richten kann und ihnen keinen Grund zur Kritik gebe.		
B	Es ist mir wichtig, von anderen zu erfahren, ob ich meine Sache gut gemacht habe.		
C	Ich bin manchmal übermäßig diplomatisch und drücke mich ein wenig schwammig aus.		
D	Wenn jemand meine Bitte unbegründet oder unverschämt findet, ziehe ich sie sofort zurück.		
A	Es fällt mir schwer, anderen eine Bitte abzuschlagen, auch wenn ich sie eigentlich nicht erfüllen will.		

Nr.	Aussage	Ja	Nein
B	Ich stelle häufig meine Wünsche und Bedürfnisse zugunsten anderer Personen zurück.		
C	Mir liegt viel daran, bei Konflikten den anderen zu beschwichtigen und unsere gute Beziehung zu erhalten.		
D	Wenn jemand mir rhetorisch überlegen ist, mache ich schnell einen Rückzieher.		
A	Ich würde nie die Gefühle eines anderen verletzen.		
B	Es ist mir unangenehm, andere Leute zu kritisieren; meistens schaffe ich es auch nicht.		
C	Ich tue sehr viel, um Spannungen zu vermeiden.		
D	Den Vorwurf des Egoismus' finde ich so schrecklich, dass ich daraufhin sofort meine Bitte zurückziehe.		
A	Wenn im Team das Klima nicht stimmt, belastet mich das und beeinträchtigt meine Konzentration auf die Arbeit.		
B	Bei Diskussionen nicke ich oft zustimmend mit dem Kopf.		
C	Ich bemühe mich immer, möglichst keine Unannehmlichkeiten zu bekommen.		
D	Wenn jemand von mir enttäuscht ist, bekomme ich ein schlechtes Gewissen und tue doch, um was er mich gebeten hat.		

Nr.	Aussage	Ja	Nein
A	Wenn irgendwo Not am Mann ist, werde ich als Erste gefragt – meist erfolgreich.		
B	Wenn ich weiß, dass jemand auf mich böse ist, macht mich das ganz fertig.		
C	Meistens beziehe ich keine Standpunkte, die einen Streit heraufbeschwören könnten.		
D	Mit Schmeicheleien bekommt man mich oft herum.		
A	Wenn es jemand anderem schlecht geht, überlege ich sofort, was ich für ihn oder sie tun kann, auch wenn ich nicht darum gebeten werde.		
B	Jegliche Kritik, auch bei Kleinigkeiten, erschüttert mich sehr.		
C	»Die Klügere gibt nach.« Das ist meine Devise.		
D	Wenn jemand sich schon ein wenig für mich um etwas bemüht hat, gebe ich mich damit zufrieden und verzichte auf den Rest, der mir eigentlich noch zusteht.		
A	Es fällt mir äußerst schwer, andere enttäuschen zu müssen.		
B	Auch wenn ich jemanden nicht leiden kann, tue ich ihm einen Gefallen, wenn er mich inständig darum bittet.		
C	Mir ist es am liebsten, wenn sich Probleme und Meinungsverschiedenheiten irgendwie von selbst lösen, selbst wenn die Lösung dann nicht optimal ist.		

Nr.	Aussage	Ja	Nein
D	Wenn ein Mitglied meines Haushalts seiner Verpflichtung nicht nachkommt, mache ich es eben selbst.		
A	Lob und Anerkennung anderer zeigen mir erst, ob ich etwas richtig gemacht habe.		
B	Man hat mir schon gesagt, dass ich von manchen Menschen ausgenutzt werde.		
C	Auch wenn mir jemand etwas Schlimmes angetan hat, stelle ich ihn nicht zur Rede, sondern versuche, den Kontakt mit ihm zu vermeiden.		
D	Ich bin fast schon übersensibel für die Stimmungen anderer.		
A	Ich schaffe es selten, meine Wünsche gegen andere durchzusetzen, auch wenn sie völlig berechtigt sind.		
B	Ich habe ein ziemlich dünnes Fell.		
C	Wenn jemand in ernstem Ton zu mir sagt: »Ich muss dringend mit dir reden«, wird mir ganz flau.		
D	Es verunsichert mich, wenn ich einen Vortrag halte und im Publikum jemand den Kopf schüttelt oder die Stirn runzelt.		
A	Manchmal fühle ich mich von den Erwartungen anderer überfordert.		
B	Ich reklamiere selten etwas, schon gar nicht Kleinigkeiten; schließlich macht jeder mal einen Fehler.		

Nr.	Aussage	Ja	Nein
C	Wenn jemand etwas getan hat, über das ich mich ärgere, versuche ich für mich, dafür eine nachvollziehbare Erklärung zu finden, anstatt ihn darauf anzusprechen.		
D	Nimmt jemand meine Wünsche nicht ernst, bekomme ich schnell Zweifel an ihrer Berechtigung.		
A	Ich nehme die Bedürfnisse anderer wichtiger als meine eigenen; schließlich will ich keine Egoistin sein.		
B	Ich stelle keine Forderungen, sondern äußere allenfalls einen Wunsch.		
C	Meinungsverschiedenheiten belasten eine Beziehung nur.		
D	Wenn jemand zu etwas kategorisch Nein sagt, akzeptiere ich das, auch wenn meine Bitte begründet war.		
A	Manchmal tue ich einfach das, was andere von mir wollen, weil mir meine eigenen Wünsche nicht richtig klar sind.		
B	Ich fühle mich hilflos, wenn sich jemand ungefragt in mein Leben einmischt.		
C	Ein heftiger Streit mit einer mir wichtigen Person kann mich richtig krank machen.		
D	Arroganten Menschen gegenüber fühle ich mich oft hilflos und weiß nicht, wie ich dagegen ankommen soll.		

Nr.	Aussage	Ja	Nein
A	Es fällt mir schwer, negative Gefühle wie Wut und Ärger bei mir wahrzunehmen und sie auch noch zu äußern.		
B	Ich schaffe es kaum, anderen eine Grenze aufzuzeigen.		
C	Wenn mich ein unsympathischer Mensch um meine Telefonnummer bittet, gebe ich sie ihm wider besseres Wissen, weil ich ihn durch eine direkte Weigerung nicht verletzen oder verärgern möchte.		
D	Oft ärgere ich mich, dass jemand mich schon wieder dazu gebracht hat, etwas zu tun, was ich gar nicht tun wollte.		
A	Man sollte seine Ziele nur dann verfolgen, wenn sie nicht mit denen anderer kollidieren.		
B	Wenn mich in einem Geschäft eine Verkäuferin intensiv bedient hat, fühle ich mich fast verpflichtet, etwas zu kaufen.		
C	Ich versuche, es allen recht zu machen, damit keiner auf mich böse wird.		
D	Wenn jemand in meiner Gegenwart zu weinen beginnt, tue ich alles, damit er oder sie aufhört.		

Testergebnis

Bitte geben Sie sich für jedes Ja einen Punkt und zählen Sie sie jeweils nach A, B, C und D sortiert zusammen. Die Verteilung der Punkte zeigt Ihnen auf, in welchem Bereich Sie sich mit dem Harmoniestreben das Leben schwerer als nötig machen.

Bereich A Durchsetzungskraft und innere Stärke
0 bis 7 Punkte Sie nutzen Ihre innere Stärke meistens für sich oder Ihre Anliegen, auch wenn es Ihnen bei manchen Themen oder Personen manchmal schwerfällt. Sie setzen sich bei für Sie bedeutsamen Anliegen durch und geben nicht so schnell klein bei. Überprüfen Sie dennoch ruhig noch einmal, was Sie brauchen, um dies noch konsequenter zu tun.

8 bis 15 Punkte Sie schaffen es durchaus manchmal, sich bei den Dingen durchzusetzen, die Ihnen wirklich wichtig sind; es kostet Sie aber übermäßig viel Energie, Mut und Nerven. Und es bleiben wahrscheinlich noch zu oft zu viele Dinge auf der Strecke. Besonders die Kapitel 4 bis 7 zeigen Ihnen Wege auf, wie Sie gezielt Ihre innere Stärke entwickeln und konstruktiv einsetzen können.

Bereich B Grenzen setzen, Nein sagen und Umgang mit Kritik
0 bis 7 Punkte Sie können durchaus aufzeigen, wann es wirklich genug ist und es bei Ihnen nicht mehr weitergeht. Eine zu unverschämte Bitte lehnen Sie schon einmal ab, schreien aber nicht gerade Hurra, wenn Sie deshalb kritisiert werden, und werden immer wieder mal von einem schlechten Gewissen geplagt. Sie wissen jedoch, dass Kritik grundsätzlich legitim und notwendig ist

und nicht bedeutet, dass Ihr Kritiker Sie komplett ablehnt. Ein paar Anregungen, wie man elegant Nein sagt und Kritik noch besser verpackt, sind sicher auch für Sie nützlich.

8 bis 15 Punkte Es fällt Ihnen schwer, anderen Grenzen aufzuzeigen und ihnen auch mal etwas abzuschlagen. Wenn Kritik droht, fühlen Sie sich schnell verunsichert, sind niedergeschlagen und brauchen lange, um sie zu verdauen. Sie selbst würden sich ohnehin nie trauen, jemanden zu kritisieren. Die Kapitel 8 und 9 geben Ihnen Werkzeuge an die Hand, mit diesen Themen gelassener und souveräner umzugehen.

Bereich C Umgang mit Konflikten
0 bis 7 Punkte Sie lieben keinen Streit, aber wenn ein Konflikt unumgänglich ist, stehen Sie ihn durch und versuchen, auf diplomatische Art und Weise einen Kompromiss zu finden, der für alle Beteiligten akzeptabel ist. Erweitern Sie Ihr Repertoire an Konfliktlösungsstrategien, um noch souveräner mit Auseinandersetzungen umzugehen. Dabei hilft Ihnen Kapitel 9.

8 bis 15 Punkte Konflikte sind für Sie eine Horrorvorstellung, und Sie versuchen mit allen Mitteln, sie zu vermeiden, sie zu fliehen oder sie durch schnelles Nachgeben zu beenden. In Kapitel 9 finden Sie Strategien, die Ihnen helfen, die Chancen, die in Konflikten stecken, besser wahrzunehmen und sich nicht mehr auf faule Kompromisse zu Ihren Lasten einzulassen.

Bereich D Manipulationsanfälligkeit
0 bis 7 Punkte Sie fallen nicht so schnell auf durchsichtige Manipulationstricks herein; bei Ihnen muss man schon mit wirklich

listigen Ansätzen operieren. Doch auch hierin gibt es Meister. Bevor Sie denen auf den Leim gehen, sollten Sie sich noch ein paar weitere nützliche Verteidigungswaffen zulegen.

8 bis 15 Punkte Leider ist es wegen Ihrer Sensibilität, Hilfsbereitschaft und Ihrem Einfühlungsvermögen relativ leicht, Sie um den Finger zu wickeln: mit der Mitleidstour, dem Säbelrasseln oder der Tränendrüsen-Nummer. Schauen Sie sich in Kapitel 10 die Galerie der Schrecklichen an und wappnen Sie sich gegen die vielfältigen Manipulationsansätze Ihrer Umwelt. Lernen Sie bewährte und erfolgreiche Abwehrstrategien kennen.

Die vier Ws: eine ehrliche Selbstanalyse

Sie sind es, wie Monika leid, als blökendes Schaf durchs Leben zu trotten? Sie haben beschlossen, etwas an Ihren Verhaltensmustern zu ändern? Greifen Sie zum Spaten, und graben Sie Ihre verschüttete innere Stärke wieder aus, um sie in Zukunft konstruktiv für sich einzusetzen. Sie werden sie sukzessive in einem mehrstufigen Prozess entdecken und entwickeln. Der Prozess beinhaltet vier verschiedene Aspekte, die zur Entwicklung selbstsicherer Stärke notwendig sind:

Wissen, was man will Gewinnen Sie Klarheit über Ihre Lebensziele, Wünsche und Bedürfnisse. Entwickeln Sie eine Vision für sich und Ihr Leben, und schaffen Sie sich einen Rahmen zur Orientierung.

Praxisteil: Raus aus der Harmoniefalle!

Wissen, was man fühlt Ordnen Sie Ihr Gefühlschaos, nehmen Sie auch Ihre negativen Emotionen wahr, und gehen Sie konstruktiv damit um. Bauen Sie irrationale Ängste ab, und entwickeln Sie ein gesundes Selbstvertrauen.

Wissen, was man kann Stellen Sie Ihr Licht nicht mehr unter den Scheffel. Aktivieren Sie Ihre inneren Ressourcen, und rücken Sie Ihr Selbstbild zurecht. Fokussieren Sie nicht nur auf Ihre Schwächen, sondern stärken Sie Ihre Stärken. Etablieren Sie Ihre eigene innere Beurteilungsskala.

Wissen, wie es geht Entwickeln Sie kompetente Handlungsstrategien, um Ihre Stärken auch wirksam einsetzen zu können. Trainieren Sie selbstsicheres und selbstbewusstes Verhalten. Lernen Sie, mit kleinen Rückschlägen umzugehen.

4 Wissen, was man will: Definieren Sie Ihre Ziele!

Monika reicht's. Durch den Schock im Büro und das Gespräch mit ihrer Freundin Maja hat sie erkannt, dass sie ihr Verhalten dringend ändern muss. Sie wird ernsthaft daran arbeiten, ihr Harmoniestreben auf ein förderliches Maß herunterzustutzen. Sie will sich fortan nicht so sehr auf die Belange anderer konzentrieren, sondern sich viel stärker um ihre eigenen Bedürfnisse kümmern. In dem Gespräch mit Maja ist ihr klar geworden, dass sie als Allererstes herausfinden muss, was sie im Leben wirklich will. Ihre eigenen Wünsche, Ziele und Bedürfnisse sind ihr gar nicht mehr so richtig präsent. Jetzt, wo sie darüber nachdenkt, fehlt es ihr an Orientierung:

- Was will ich im Leben erreichen?
- Wer möchte ich sein und werden?
- Wie könnte eine strahlende Zukunft für mich aussehen?

Kein Wunder, dass Monika sich allen Anforderungen von außen willenlos beugt, wenn sie selbst nicht weiß, wohin ihr Weg gehen soll. Sie kann sich daran erinnern, dass sie mit fünf Jahren unbedingt Zirkusprinzessin werden wollte und mit 16 Astronautin. Beide Visionen scheinen ihr heute nicht mehr erstrebenswert. Aber was will sie stattdessen? Was ist das überhaupt, eine Vision, und wie findet man sie? Monika stöbert in ihrem Bücherregal und findet in einem Nachschlagewerk folgende Definition:

Das Wort *Vision* stammt ab von dem lateinischen videre – sehen. Eine Vision ist ein Bild der Zukunft, welche wir für uns aktiv erschaffen möchten. Allerdings wird dieses Bild im Präsens beschrieben, als ob es schon jetzt passieren würde. Die Vision zeigt, wo wir hinwollen, wie wir sein möchten, wie wir einmal leben möchten. Sie muss nicht zwingend realistisch sein, sondern kann ruhig die Vorstellung eines Ideals sein. Die Verbindung zu dem Wortstamm sehen ist dabei bedeutungsvoll – je detaillierter, farbiger und lebendiger die Vision ist, desto attraktiver und reizvoller wird sie für uns, und desto mehr richten wir all unsere Energien darauf, sie zu verwirklichen.

Die farbige, attraktive Vorstellung einer idealen Zukunft also. Für Monika klingt das wie ein Leitbild zur Abgrenzung gegen fremde Übergriffe. Ihr schwirren sofort Bilder durch den Kopf: Sie sieht sich mit drei Kindern, einem liebevollen Mann und einem goldbraunen Labrador in einem Haus im Vorort ihrer Heimatstadt wohnen, nicht weit von den Eltern entfernt. Aber ist das alles? Irgendwie scheinen ihr noch etliche Aspekte zu fehlen. Sie erinnert sich an ein Seminar, das sie einmal zum Thema Visionen und Ziele besucht hatte. In den Seminarunterlagen wird sie schließlich fündig: Dort entdeckt sie einen *Visionsentwicklungsprozess* mit einem Fragenkatalog, der ihr helfen soll, eine zugkräftige Zukunftsvorstellung zu entwickeln.

Vier-Schritte-Programm für die Zukunft

Mit diesem Vier-Schritte-Programm will sie lernen, wie das geht: anderen entgegenkommen, aber auch, um ihrer selbst willen, Grenzen ziehen und Nein sagen.

Schritt 1: Erste Vorstellungen sammeln Stellen Sie sich vor, es ist 15 Jahre später. Versetzen Sie sich geistig in eine ideale Zukunft und notieren Sie alles, was Ihnen spontan in den Sinn kommt.

Schritt 2: Konkrete Vision ableiten Sortieren Sie Ihre ersten Vorstellungen und Assoziationen mithilfe des folgenden Fragenkatalogs:

- Wo leben Sie? Mit wem leben Sie?
- Wie wollen Sie als Persönlichkeit sein? Was sind Ihre charakteristischen Eigenschaften und Fähigkeiten? Haben Sie eventuell ein Vorbild?

- Welche Rollen füllen Sie aus?
- Mit welchen Menschen treffen Sie zusammen? Was denken die über Sie?
- Was ist Ihr Beitrag zu den Beziehungen, die Sie haben? Was geben Sie Ihren Freunden, Familienmitgliedern und Arbeitskollegen? Was bekommen Sie von den Menschen, mit denen Sie Beziehungen haben?
- Wovon leben Sie? Wie verdienen Sie Ihr Geld?
- Wie verhalten Sie sich in schlechten Zeiten und schwierigen Situationen, wie in guten?
- Was tun Sie, um Ihre weitere Zukunft positiv zu gestalten?

Schritt 3: Visualisierung Erfassen Sie Ihre Vision bildlich. Malen Sie sich Ihre Zukunft in den schillerndsten Farben aus.

Schritt 4: Hier und Jetzt – Handlungsansätze Kehren Sie zurück in die Gegenwart, und betrachten Sie Ihr Leben, wie es heute ist:

- Welche Aspekte in Ihrem jetzigen Leben stärken und ermutigen Sie, welche hindern und schwächen Sie im Hinblick auf Ihre Vision?
- Welche konkreten Ziele haben Sie? Verfolgen Sie sie konsequent? Sind sie ausreichend, um Ihre Vision zu verwirklichen? Was können Sie schon, und was müssen Sie noch lernen, um Ihre Vision Wirklichkeit werden zu lassen? Was müssen Sie als Zwischenziele definieren und anvisieren, um Ihrer Vision näher zu kommen?

Ein neues Leben vor dem inneren Auge entwerfen

Vorerst ist es an Monika, den Fragenkatalog zu beantworten, um ihre Vision mit Bildern zu füllen. Die Mühe ist es schon wert – am Ende steht schließlich das Ziel, die Harmoniesucht in den Griff zu bekommen.

Schritt 1: Erste Vorstellungen sammeln Es ist also 15 Jahre später als jetzt. Monika stellt sich vor, dass sie es geschafft hat, ihr Leben so zu gestalten, wie sie es wollte. Sie versucht, die Lage zu beschreiben – als ob sie alles um sich herum sehen, hören, fühlen könnte. Sie macht einen Ausflug in ihren Kopf und sammelt alle Bilder, Assoziationen, Träume und Wünsche, die ihr in den Sinn kommen. Sie greift zu Papier und Stift. Zusätzlich zu ihrem

ersten Familienbild voller Liebe und Geborgenheit hat sie sich selbst vor Augen: als Mitinhaberin einer kleinen Agentur.

Sie will durchaus beides – Familie und Beruf – verwirklichen. An den Wochenenden treffen sie und ihr Mann sich mit interessanten Freunden. Oder die Familie kommt zu Besuch. Zudem arbeitet sie auf ehrenamtlicher Basis bei einer Umweltschutzorganisation mit, hat aber noch genügend Zeit für andere Interessen. Neben dem Lesen hat sie vor einiger Zeit wieder mit dem Musizieren angefangen und spielt in einer kleinen Jazzband Klarinette. Ihr Leben erscheint ihr abwechslungsreich, ausgefüllt, ausgeglichen, voller Lebensfreude und Dankbarkeit – auch für die kleinen Dinge des Alltags. Ihre finanzielle Situation ist entspannt, für ein sorgenfreies Alter ist gesorgt. Keines der gegenwärtigen Bedürfnisse kommt zu kurz: die Ausbildung der Kinder, schöne Reisen, ein neues Auto, Kleidung und Schuhe und so weiter. Alle Menschen, die sie liebt, sind gesund – sie selbst natürlich auch. Monika wird bei ihren Vorstellungen richtig warm ums Herz. So sähe eine attraktive Zukunft aus! Dieses Bild ist für sie auch eine klare Richtschnur, wie sie mit den Ansprüchen anderer in Zukunft umgehen wird: Sie wird nichts mehr tun, was sie von dem Weg zu ihrer Vision abbringt. Egal, was andere von ihr erwarten.

Schritt 2: Konkrete Vision ableiten Sie blickt in ihre Unterlagen und nimmt sich den Fragenkatalog vor. Da sie schon recht genaue Vorstellungen hatte, geht das Sortieren und Ergänzen ziemlich schnell.

- Wo leben Sie? Mit wem leben Sie?
  Mit Mann, Hund und drei Kindern im eigenen Haus im Vorort in der Heimatstadt.
- Wie wollen Sie als Persönlichkeit sein? Was sind Ihre charakteristischen Eigenschaften und Fähigkeiten? Haben Sie ein Vorbild?

Monika will auf jeden Fall weiterhin warmherzig, sensibel, hilfsbereit und mitfühlend sein. Sie will aber auch respektiert werden und selbstsicher für ihre Meinungen und Ziele einstehen. Gelassen, humorvoll, witzig, zielstrebig, interessiert, vertrauensvoll, neugierig, lernfähig, kompetent, tolerant, durchsetzungsfähig, konsequent, realistisch und optimistisch sind weitere Eigenschaften, die für sie erstrebenswert sind.

Ein Vorbild ist sicher ihre Freundin Maja, die etliche dieser Eigenschaften lebt. Ein weiteres ist für sie Frida Kahlo, die mexikanische Malerin, die trotz ihres schweren Schicksals nie den Mut und die Lebenslust verloren hat. Wenn es jemand gelernt hat, sich gegen Widerstände und Übergriffe durchzusetzen, dann sie. Beide Personen sind in Monikas Augen starke, aber auch rücksichtsvolle und mitfühlende Frauen, die mit sich im Einklang sind. Diese Vorbilder werden ihr helfen, in schwierigen Situationen nicht das Ziel aus den Augen zu verlieren: ihre innere Stärke entwickeln.

- Welche Rollen füllen Sie aus?
  Mutter, Ehefrau, Schwester, Tochter, Freundin, Chefin, Nachbarin, engagierte Bürgerin, Musikerin.

- Mit welchen Menschen treffen Sie zusammen? Was denken die über Sie?

Auf keinen Fall denken die in Monikas Vision von ihr, dass sie ein fader Wackelpudding ist. Diese Geschichte ist längst zur vergangenen Episode geworden, die sie mittlerweile lachend im Freundeskreis erzählen kann. Sie sieht neben den Familienmitgliedern einige ihrer langjährigen Freunde, ein paar neue Menschen, Nachbarn, Kunden und Kollegen aus der Umweltschutzorganisation. Alle schätzen sie als lebendige, interessante und zuverlässige Freundin und Mitstreiterin, die bei Bedarf für sie da ist.

- Was ist Ihr Beitrag zu den Beziehungen, die Sie haben? Was geben Sie Ihren Freunden, Familienmitgliedern und Arbeitskollegen? Was bekommen Sie von den Menschen, mit denen Sie Beziehungen haben?

Diese Menschen sind unterschiedlich, haben Macken, Ecken und Kanten. Man pflegt einen toleranten und fairen Umgang miteinander. Selbst mit ihren Kunden und Geschäftspartnern ist das so. Auch wenn sie einige Zeit gebraucht hat, bis sie mit ihrer Agentur so weit war, dass sie sich ihre Kunden aussuchen – und auch mal ablehnen – konnte. Die Menschen in Monikas Umfeld helfen sich gegenseitig, regen sich an, lernen voneinander, lachen viel und scheuen sich auch nicht, Meinungsverschiedenheiten und Konflikte auszutragen. Sie haben ein Gespür für die Balance zwischen Distanz und Nähe entwickelt, die jedem

Raum lässt, aber auch Geborgenheit vermittelt. Monika hat für jeden, der es braucht, ein offenes Ohr und, wenn nötig, tatkräftige Unterstützung parat. Sie wird für ihr Verständnis und ihre Ratschläge geschätzt, aber auch für ihre Fähigkeit, hartnäckig zu kämpfen, wenn sie glaubt, dass jemand untergebuttert wird, der sich selbst nicht helfen kann.

- Wovon leben Sie? Wie verdienen Sie Ihr Geld?
  Von der Agentur und dem Gehalt ihres Mannes. Außerdem gibt es Ersparnisse.
- Wie verhalten Sie sich in schlechten Zeiten und schwierigen Situationen, wie in guten?

In guten Zeiten genießt Monika das Leben und versucht andere, denen es weniger gut geht, daran teilhaben zu lassen. In schlechten Zeiten macht sie sich klar, dass sie nicht allein ist, sondern mit eigener Kraft und der Hilfe ihrer Freunde und Familie alles zu bewältigen ist. Depressionen und Mutlosigkeit helfen ihrer Meinung nach keinem – höchstens der Arzneimittelindustrie. Was sie braucht, um stark und optimistisch durchs Leben zu gehen, ist innere Stärke – keine Pillen oder Abhängigkeit vom Wohlwollen anderer.

- Was tun Sie, um Ihre weitere Zukunft positiv zu gestalten?
- Weiter an sich glauben, nie aufhören, neugierig und offen zu sein und Neues zu lernen, auf die Gesundheit achten.

Einen gedanklichen Grundstock für die Zukunft legen

Das ist ja wohl zu schön, um wahr zu sein, denken Sie? Das stimmt, aber eine Vision, die nicht ausnehmend schön ist, taugt nun einmal nichts. Visionen sollen schließlich motivierende Leitbilder sein.

Schritt 3: Visualisierung Monika ist ganz beflügelt und macht sich an den nächsten Schritt: Es geht darum, ihre Zukunftsvorstellungen konkret zu visualisieren. Damit sie ihre Vision als Inspiration immer vor Augen hat, soll sie sie bildlich erfassen – malen, zeichnen oder eine Collage aus Bildern, Fotos, Zeitungsartikeln und Zitaten zusammenstellen. Genauso gut könnte sie auch ein leeres Buch bekleben und bekritzeln. Wenn möglich, soll sie ihr Kunstwerk später irgendwo aufhängen, wo sie es oft vor Augen hat, es betrachten und ergänzen kann. Je präsenter dieses Wunschbild ist, desto besser kann es seine motivierende Wirkung entfalten. Mit dem Gedanken, dass es hier nicht um einen Wettbewerb an der Kunstakademie geht, legt Monika los. Sie greift zu Stiften, Farbe und einem großem Bogen Papier. Zusätzlich schlachtet sie einen Stapel Zeitschriften aus und pinnt zum Schluss ihr fertiges Bild an die Wand im Wohnzimmer.

Schritt 4: Hier und Jetzt – Handlungsansätze Die Collage wirkt sehr anregend auf Monika und motiviert sie zusätzlich zum letzten Schritt: in die überhaupt nicht visionäre Gegenwart zurückzukehren. Sie greift wieder zu ihren Unterlagen. Nun soll sie sich mit Fragen beschäftigen, die sich auf ihre aktuelle Lebenssituation beziehen:

- Welche Aspekte in Ihrem jetzigen Leben stärken und ermutigen Sie, welche hindern und schwächen Sie im Hinblick auf Ihre Vision?

Monika findet es ermutigend, dass sie jetzt den Entschluss gefasst hat, etwas zu ändern. Sie weiß aus Erfahrung, dass sie genug Energie und Durchhaltevermögen hat, angefangene Dinge auch zu Ende zu bringen. Das war damals mit dem Studium genauso – als sie endlich wusste, was sie machen will, hat sie es erfolgreich durchgezogen und einen sehr guten Abschluss gemacht. Zudem ist sie gut in ihrem Job. Auch ihre Neugier und ihre Lernfähigkeit sind wertvolle Ressourcen für sie. In Maja hat sie einen Menschen gefunden, der sie aktiv unterstützt und fördert. Das gilt auch für andere Freunde. Ihre Familie dürfte sich auch freuen, dass Monika ihr Leben neu und positiv gestalten möchte.

Bei ihren Kollegen ist sie sich allerdings nicht so sicher. Ihre Chefin Petra hat sie bisher eigentlich immer als kollegial empfunden. Doch weiß sie nicht, wie die reagieren wird, wenn es die liebe alte Moni nicht mehr gibt. Vielleicht wird Petra aber auch schnell klar, dass sie viel mehr von einer zielorientierten, energischen Mitarbeiterin hat als von einem blökenden Schaf. Die Kollegen Tina und Rolf werden ihr allerdings sicherlich im Wege stehen. Natürlich wird Monika sie auch weiter kollegial unterstützen, aber sie wird nicht mehr der Depp vom Dienst sein. Ob sie es wohl schon beim nächsten Mal schafft, zu Tina Nein zu sagen?

Die größten Hindernisse werden wohl sein: Monikas Angst vor Auseinandersetzungen und der fehlende Mut, sich in kniffligen Situationen durchzusetzen. Auf die wohlwollende Anerkennung der anderen wird sie auch mal verzichten und auf ihre innere Stärke vertrauen müssen. Doch das wird sie lernen. Sie ist noch etwas unsicher, aber fest entschlossen, sich nicht mehr ausnutzen zu lassen.

- Welche konkreten Ziele haben Sie? Verfolgen Sie sie konsequent? Sind sie ausreichend, um Ihre Vision zu verwirklichen? Was können Sie schon, und was müssen Sie noch lernen, um Ihre Vision Wirklichkeit werden zu lassen? Was müssen Sie als Zwischenziele definieren und anvisieren, um Ihrer Vision näher zu kommen?

Monika raucht der Kopf: So klare Ziele hatte sie bis jetzt gar nicht. Sie hat eher ein wenig in den Tag hineingelebt und sich von den Wünschen anderer beeinflussen lassen. Was muss sie tun und lernen, um in ihrem jetzigen Job endlich das Schäfchen-Image zu verlieren – und was, um langfristig den Traum von der eigenen Agentur zu verwirklichen? Dazu schreibt sie sich einige Ideen auf: Fortbildungen, einschlägige Literatur, Seminare für Existenzgründung, Informationen über Fördermittel. Sie wird ihre Fremdsprachenkenntnisse aufpolieren, einen Finanzplan ausarbeiten und Rücklagen für ihr eigenes Unternehmen bilden. Sie wird sich außerdem um die Übernahme des nächsten großen Etats bemühen – um weitere Erfahrungen im Umgang mit Kunden zu sammeln. Sie wird ein Gespräch mit Petra über ihre Zukunft führen und nach einem potenziellen Partner für die eigene Agentur Ausschau halten. Sie wird sich mit diesen ersten Ideen in der nächsten Woche hinsetzen und größere Ziele, Zwischenziele, Schritte und Maßnahmen daraus ableiten. Auch ein Zeitplan kann nicht schaden.

Was die persönlichen Ziele anbelangt, hat sie auch schon Ideen: Maja hat ihr angeboten, ihr ein paar Tipps und Übungen zu verraten, mit denen sie ihr Selbstbewusstsein stärken und in kleinen Schritten üben kann, sich sanft, aber standhaft durchzusetzen und abzugrenzen. Sie wird also gleich ein Treffen vereinbaren und mit Maja eine Art Trainingsplan ausarbeiten. Was den Mann ihrer Träume und potenziellen Vater ihrer Wunschkinder angeht: Da kann und will sie nichts erzwingen. Aber die Augen offen halten und Gelegenheiten suchen, das kann und wird sie schon. Und zum Geburtstag wünscht sie sich von ihrer Familie schon mal eine Klarinette ...

Eine persönliche Vision entwickeln

Monika hat nun erst mal alle Hände voll zu tun. Jetzt sind Sie dran: Entwickeln auch Sie Ihre persönliche Vision einer selbstbewussten Zukunft. Überprüfen Sie Ihr bisheriges harmoniesüchtiges Verhalten. Optimieren Sie Ihre Vorstellungen, und passen Sie sie so lange an, bis Sie ganz wild darauf sind, aus der

Harmoniefalle aus- und in Ihre strahlende Zukunft aufzubrechen. Wie sieht das Ziel aus, für das Sie all Ihre Energie einsetzen wollen?

Vergessen Sie in der ersten Phase des Pläneschmiedens Ihren Realitätssinn. Es geht nicht darum, was Sie momentan für machbar halten, sondern darum, was Sie sich mit aller Macht wünschen. Ein bisschen aktiv werden müssen Sie allerdings schon, denn eine Vision zu entwickeln, bedeutet nicht, passiv auf den Sechser im Lotto zu warten oder vom reichen Prinzen zu träumen. Halten Sie sich nicht mit kritischen, kleinkarierten, mutlosen und nörgelnden Einwänden auf – das schränkt Sie nur von vornherein ein. Und selbst wenn Sie Ihre Vision nicht in allen Details verwirklichen sollten, so hat sie doch ihren wichtigen Zweck erfüllt:

- Ihre Vision gibt Ihnen Klarheit und Orientierung, wo Sie eigentlich hinwollen.
- Ihre Vision schenkt Ihnen Energie und Kraft, wenn es zwischendurch mal schwierig werden sollte.
- Ihre Vision hält Sie bei der Stange, sollten Rückfälle in alte, schädliche Verhaltensweisen drohen.
- Ihre Vision schenkt Ihnen Lebensfreude und Neugier auf die Zukunft.
- Ihre Vision schützt Sie davor, sich von fremden Erwartungen und Forderungen steuern zu lassen.

Die Frage, wie Sie an Ihr Ziel kommen, stellt sich erst im zweiten Schritt. Dann nämlich, wenn es darum geht, konkrete Ziele zu definieren und Maßnahmen zu ergreifen, damit Ihr Traum Stück für Stück Wirklichkeit wird. Sollten Sie ab und an von Zweifeln geplagt werden, ob Sie Ihre wunderbare Vision wirklich realisieren können, denken Sie an die Sache mit dem Vorbild. Der Mensch lernt am Modell. Vorbilder beweisen, dass das, was wir uns vorstellen, machbar ist. Gibt es jemanden, der das für Sie verkörpert? Jemand, der so ist, wie Sie werden möchten? Jemand, der aus eigener Kraft das erreicht hat, was Sie erreichen wollen? Eine berühmte oder historische Persönlichkeit – oder einfach die Frau von nebenan?

Mit Sicherheit setzt Ihre Vision viele Energien frei. Nutzen Sie diese Energien und stellen auch Sie für sich einen präzisen Plan mit Zielen, Maßnahmen und Aktionen auf. Im Folgenden finden Sie viele Anregungen, die Ihnen helfen werden, sich weiterzuentwickeln. Und Monika werden wir auch noch ein wenig über die Schulter schauen. Nehmen Sie Ihre persönliche Entwicklung und Ihr Leben in die eigene Hand. Außensteuerung ade!

5 Wissen, was man fühlt: Hören Sie auf Ihre Gefühle!

Nach der schmerzhaften Erkenntnis im Kopierraum war Monika völlig verwirrt und fühlte sich schlecht. Gefühle, Gefühle. Wäre das Leben nicht ohne Emotionen viel einfacher? Wie chaotisch, unangenehm und schwierig ist es doch oftmals, mit ihnen umzugehen. An dieser Stelle sollten wir uns einmal einen Überblick über die Vielschichtigkeit der menschlichen Gefühlswelt verschaffen.

Die ganze Palette der Empfindungen

Schon die Stoiker im alten Griechenland trauten dem unberechenbaren Gefühlskram nicht über den Weg und glaubten, man müsse Gefühle möglichst kontrollieren – keinesfalls zeigen und idealerweise gar nicht empfinden. Und auch in Zukunftsvisionen verschwindet diese Idee nicht: Man denke nur an Mr. Spock, den kühlen, logischen, gefühlsfreien Außerirdischen mit den spitzen Ohren. Unter einem gewissen Aspekt – nämlich dann, wenn es um negative Gefühle geht – kann man diesen Wunsch ganz gut nachvollziehen. Wer spürt schon gerne Ärger, Wut, Trauer, Frust, Hass, Angst, Scham, Ekel, Schuld, Misstrauen, Schmerz, Verzweiflung oder Furcht. Die Vorstellung, das alles nie wieder empfinden zu müssen, wird nicht nur von den unerschütterlichen Stoikern als reizvoll angesehen. Vor allem, da wir Menschen subjektiv den Eindruck haben, diese negativen Emotionen auch noch viel häufiger zu verspüren als die positiven.

Andererseits wäre ein rein stoisches Leben ohne angenehme Empfindungen auch ganz schön leer: Freude, Liebe, Ekstase, Lebendigkeit, Spannung, Hoffnung, Stolz, Neugier, Rührung, Verliebtsein, Lust, Glück, Geborgenheit, Seligkeit, Trost, Zuversicht oder Selbstvertrauen. Armer Mr. Spock.

Die meisten Dinge im Leben tun wir nur der positiven Gefühle wegen. Denn selbst die Erledigung von unangenehmen Dingen gibt uns ein gutes Gefühl: Wir tun sie aus Pflichterfüllung oder logischer Erkenntnis und sind stolz auf unsere Vernunft oder Zuverlässigkeit. Zumindest vermeiden wir so ein schlechtes Gefühl. Fühlen Sie sich nicht auch gut und edel, wenn Sie Ihren Müll aufwändig in kleine Portionen sortiert und in verschiedenen Behältnissen entsorgt haben?

Sollte Ihnen je ein Guru versprechen, Ihnen ein Leben ohne negative Gefühle zu ermöglichen, investieren Sie Ihr Geld nicht in diese Utopie, sondern lieber in ein paar schöne Schuhe. Abgesehen von der schieren Unmöglichkeit des Vorhabens wäre es weder wünschenswert noch sinnvoll. Gedanken und Gefühle, Kopf und Bauch sind zwei untrennbare Seiten einer Medaille namens Leben. Unsere Gefühle werden von Gedanken begleitet, und jeder Gedanke ist mit einem Gefühl gekoppelt – wenn auch manchmal nur mit einem schwach ausgeprägten.

Wofür brauchen wir negative Gefühle? Sie geben uns wichtige Informationen, Hinweise und Rückmeldungen. Sie stellen uns Energie zum Handeln zur Verfügung. Sie zwingen uns, eine Auszeit zu nehmen – beispielsweise um ein erschütterndes Erlebnis zu verarbeiten.

- Angst, Furcht, Ekel, Schmerz oder Misstrauen warnen uns vor gefährlichen oder ungesunden Dingen.
- Trauer und Depression drosseln das Lebenstempo und verschaffen uns die Zeit, uns ausreichend mit dem auslösenden Erlebnis auseinanderzusetzen.
- Ärger, Wut und Aggression setzen Veränderungsenergie frei und schützen uns vor dem Verharren in einer für uns unguten Situation.
- Scham, Reue und Schuld können uns helfen, unsere Handlungen und Reaktionen zu überprüfen und eventuell eine Korrektur daran vorzunehmen.

Die ganze Palette der Empfindungen

Negative Gefühle sind also absolut notwendig. Sie haben eine Schutzfunktion und sind Gefahrendetektoren. Daraus hat man übrigens die Vermutung abgeleitet, dass sie tatsächlich häufiger auftreten als ihre angenehmen Brüder und Schwestern. Die Welt war schon sehr früh jenseits von Eden ein unwirtlicher Ort, an dem gefährliche Situationen und Elemente überwogen. Wir Menschen mussten weit häufiger mit negativen Emotionen gewarnt werden, als wir es uns leisten konnten, in schönen Gefühlen zu schwelgen. Um noch einmal den Säbelzahntiger anzuführen: Die Gefahr, die von ihm ausging, trat wohl häufiger auf und war wohl bedrohlicher als die von knackigen jungen Männern aus der Nachbarhöhle. Obwohl da ja die Bedrohlichkeit eine Frage des Standpunktes ist …

Glücklicherweise bedeuten die Notwendigkeit und Nützlichkeit negativer Gefühle nicht, dass wir sie so oft und so intensiv wie möglich erleben müssen und diesem Zustand hilflos ausgeliefert sind. Ihre wichtige Funktion können sie durchaus auch dann erfüllen, wenn sie uns nicht immer mit der Macht einer Naturgewalt in ihren Klauen halten. Die These, dass man negative Empfindungen nur ausleben müsse, um sie loszuwerden, ist nach den neuesten Erkenntnissen von Psychologen und Hirnforschern wohl nicht mehr ganz haltbar. Die körpereigenen Mechanismen verstärken nämlich zum Beispiel Ihren Ärger nur. Wenn Sie sich ihm voll hingeben, bekommen Sie zwar einen publikumswirksamen Tobsuchtsanfall hin, es wird Ihnen deshalb aber keinen Deut besser gehen. Auch der wohlgemeinte Rat, man solle sich einfach mal richtig ausweinen, führt leider nur zu noch mehr Gram. Man steigert sich erst so richtig in Trauer und Verzweiflung hinein. Davon abgesehen, stehen verheulte Augen und ein aufgequollenes Gesicht den meisten Frauen gar nicht gut.

Wie wir schon bei den grundlegenden Stressmechanismen gesehen haben, hat die Entwicklung des Menschen insofern nicht ganz ausgewogen Schritt gehalten, als viele Auslöser dieser negativen Gefühle unsinnig oder überflüssig geworden sind. Oder sie wurden durch falsch gelernte, sinnlose ersetzt. Dennoch wird der gleiche Mechanismus aktiviert. Es ist sehr gut und nützlich, wenn Sie bei dem Ausbruch eines Feuers heftige Angst verspüren, Ihre Pumps von den Füßen schleudern und schleunigst das Weite suchen. Es ist aber gar nicht gut und nützlich, wenn allein die Vorstellung eines Kritikgesprächs bei Ihnen die gleiche massive Angst auslöst, sodass Sie Schweißausbrüche bekommen und gerne in Rekordzeit davonrennen würden.

Es ist, wie es ist: Ärger, Angst & Co. werden Ihnen erhalten bleiben. Die frohe Botschaft aber lautet: Als harmoniebewuss-

ter Mensch können Sie ruhig vor sich und anderen zugeben, dass Sie wütend oder ärgerlich sind. Dafür brauchen Sie sich nicht zu geißeln – etwas, das Sie als harmoniesüchtiger Mensch wahrscheinlich sehr gerne tun. Laut ungeschriebener Gesetze dürfen Sie schließlich nicht wütend oder böse auf jemanden sein, nicht wahr? Dürfen Sie doch. Wichtig ist nur, wie Sie für sich mit den belastenden Gefühlen umgehen. Aber wie kann man bloß besser mit dem Gefühlschaos fertig werden? Dafür sollten wir zunächst ein paar Begriffe und Mechanismen sortieren.

Grundgefühle und Stimmungscocktails

Obwohl die Menschheit sich seit Jahrtausenden mit der Erforschung der Gefühlswelt befasst, tut sie sich immer noch etwas schwer, eine genaue Definition von »Gefühl« zu finden. Überwiegend wird darunter ein spezifischer innerer Zustand als Reaktion auf ein Erlebnis oder einen Gedanken verstanden. Gefühle haben also einen bestimmten Auslöser, auch wenn wir den nicht immer bewusst wahrnehmen. Sie haben zudem unterschiedliche Qualitäten und Intensitäten.

Eine weitere Differenzierung ist nützlich: Es gibt zum einen so genannte Grund- oder Primärgefühle, mit denen offenbar alle Menschen von Geburt an ausgestattet sind. Meist werden Glück, Traurigkeit, Liebe, Angst, Wut und Ekel genannt. Zum anderen sind unsere Gefühle in gewisser Weise wie diese verflixten kleinen Atome, die dazu neigen, sich zu neuen und unbekannten, zum Teil gefährlichen, Kombinationen und Molekülen zusammenzutun, wieder auseinanderzufallen und neu zu formieren. Unsere emotionalen Empfindungen bestehen in ähnlicher Art häufig aus einem Konglomerat verschiedenster Grundgefühle, sodass wir ziemlich hilflos mit unserem Gefühlschaos dasitzen und gar nicht recht wissen, was uns das sagen soll. Unsicherheit kann zum Beispiel aus den Zutaten Angst, Neugier, Neid und einer Prise Ärger bestehen. Genau wie sich ein Chemiker vor dem nächsten Schritt aber im Klaren sein sollte, was in einem explosiven Gemisch schon alles drin ist, sollten auch wir die Bestandteile unseres Gefühlschaos' ansatzweise kennen, um es gezielt zu ordnen.

Neben Grundgefühlen und gemischten Gefühlen gibt es außerdem Stimmungen, die unsere spezifischen Gefühle beeinflussen. Unter einer Stimmung versteht man einen Gemütszustand, der nicht unbedingt einen konkreten Auslöser hat – wie das bei der Emotion der Fall ist. Er wird auch nicht so intensiv wahrgenommen, kann dafür aber einen ganzen Tag oder länger anhalten. Nehmen wir mal an, Sie wären eine echte Furie. Dann könnten Sie nicht den ganzen Tag auf höchstem Niveau zornig herumwüten. Sie könnten aber sehr wohl den ganzen Tag in gereizter und aggressiver Stimmung sein.

Grundstimmungen können bei Menschen sehr verschieden sein. An einem optimistischen Tag haben Sie sozusagen eine Grundstimmung in Dur, sind eher positiv und fröhlich gestimmt. Passiert Ihnen ein kleines Missgeschick oder haben Sie ein unangenehmes Erlebnis, kann Ihnen das die Laune nicht wirklich verderben. Nach dieser kleinen Dissonanz geht die fröhliche Melodie weiter. An einem melancholischen Tag hingegen haben Sie eher eine Grundmelodie in Moll, sind wehmütig und etwas traurig. Wenn Sie etwas Schönes erleben, hebt sich dieser eine Akkord in Dur nicht so sehr von der Grundstimmung in Moll ab. Er wirkt dann nicht so stark wie an einem Tag mit fröhlicher Stimmung.

Normalerweise wechseln sich solche Grundstimmungen von Dur und Moll im Verlauf der Zeit ab. Schwierig wird es erst, wenn Sie über einen längeren Zeitraum überwiegend negative Grundstimmungen haben: Dann können die positiven Erlebnisse nicht mehr richtig durchdringen und wirken. (Das ist übrigens eine perfekte Methode, sich eine hübsche kleine Depression heranzuzüchten. Aber wie Sie bei einem Musikstück die Vorzeichen ändern können, so können Sie auch Ihre Grundstimmung beeinflussen.)

Das explosive Gefühlsgemisch

Wir haben also Grundgefühle, gemischte Gefühle und Stimmungen. Doch wo kommen die her, was sind ihre Ursachen, und sind wir ihnen einfach ausgeliefert? Fliegen sie wie Grippebazillen durch die Gegend und befallen uns? Gefühle können tatsächlich anstecken – ein Tag in Gesellschaft eines Miesepeters und auch Ihnen erscheint die Welt bis in den Erdkern hinein pechschwarz gefärbt. Davon abgesehen gibt es aber einen Grundmechanismus, wie sie in uns hervorgerufen werden. Wir haben sozusagen ein inneres Gefühls- und Gedankenkarussell, das, einmal in Gang gesetzt, ziemlich lange rotieren kann. Die folgende Übersicht bezieht sich auf negative Gefühle, sie gilt aber für die positiven ebenso.

Am Beispiel von Monikas Schock im Kopierraum sieht dieser negative Gefühls- und Gedankenkreislauf folgendermaßen aus:

Kreislauf Phase 1 / Negativer Auslöser Monika hört, wie Tina und Rolf abfällig über sie sprechen.

Kreislauf Phase 2 / Kopf: (automatische) negative Interpretationen, Gedanken und Befürchtungen Monika interpretiert das belauschte Gespräch negativ: Die beiden halten nichts von mir, ich bin für sie ein dummes Schaf, sie haben keinen Respekt vor mir, sie können mich nicht leiden.

Manche Interpretationen und Befürchtungen können tatsächlich einen wahren Kern haben, so wie das in Monikas Fall auch zu vermuten ist, häufig haben sie aber mit der Wirklichkeit nichts zu tun. Wenn Ihr Partner Sie beispielsweise anschnauzt, ist Ihre automatische Interpretation womöglich: »Hilfe, ich habe ihn wohl wieder verärgert.« Das ist aber nur eine von vielen möglichen Interpretationen. Vielleicht haben nicht Sie ihn verärgert, sondern sein Börsenmakler, der ihn gerade mit einem todsicheren Tipp ein paar Tausend Euro gekostet hat.

Kreislauf Phase 2 / Körper: erste körperliche Warnsignale Monika wird flau im Magen, Nacken und Schultern verspannen sich, sie spürt Kopfschmerzen heraufziehen.

Negativer Gefühls- und Gedankenkreislauf

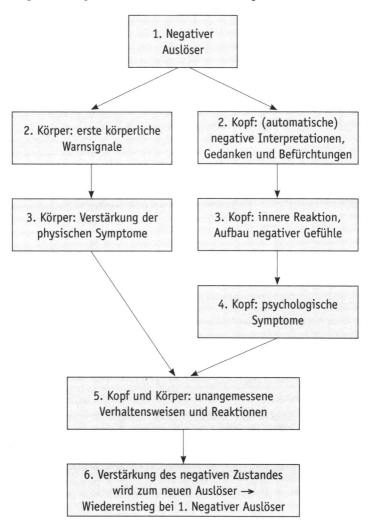

Kreislauf Phase 3 / Kopf: innere Reaktion, Aufbau negativer Gefühle Monikas negative Gedanken haben bei ihr zu ebenso negativen Gefühlen geführt. Es ist ein hübsches Gefühlschaos entstanden: Sie fühlt sich nutzlos, wertlos und nicht gewürdigt. Sie ist enttäuscht, aber gleichzeitig auch wütend. Und sie ist ein wenig neidisch auf Tinas unbekümmertes Selbstbewusstsein. Das alles ist ihr in diesem Moment nicht klar – sie fühlt sich einfach nur schlecht.

Kreislauf Phase 3 / Körper: Verstärkung der physischen Symptome Aus Monikas leichtem Kopfschmerz hat sich eine Migräne entwickelt, der Magen spielt verrückt, der Appetit ist ihr vergangen, ihre Toilettenfrequenz hat sich erhöht.

Kreislauf Phase 4 / Kopf: psychologische Symptome Monikas Gedanken spielen verrückt, drehen sich im Kreis, sie kann sich nicht mehr konzentrieren, nimmt nur noch negative Aspekte wahr, von neuen Ideen keine Spur. Sie sieht keinen Ausweg aus ihrer Misere.

Kreislauf Phase 5 / Kopf und Körper: unangemessene Verhaltensweisen und Reaktionen Monika ist endgültig übel. Sie sitzt schmollend in ihrem Büro und brütet leidend vor sich hin, anstatt sich zu überlegen, wie sie die Situation ändern könnte. Eben auf der Toilette hat sie sogar eine Frage von Tina ignoriert, was diese befremdet hat. Nun macht sich Monika noch mehr Sorgen.

Kreislauf Phase 6 / Verstärkung des negativen Zustandes wird zum neuen Auslöser → Wiedereinstieg bei Phase 1 / Negativer Auslöser Mit diesem negativen Gefühlscocktail steigt Monika bei Phase 1 wieder ein und setzt die emotionale Karussellfahrt fort. Solche rasanten Karussellfahrten ins Bodenlose sind anstrengend und führen zu nichts. Wie kann man dieses Karussell anhalten? Man kann versuchen, bei voller Fahrt auszusteigen. Einfacher und sinnvoller ist es, die Fahrt so früh wie möglich abzubremsen beziehungsweise gar nicht erst in negativen Schwung zu kommen. Die folgenden Übungen helfen Ihnen, so früh wie möglich aus dem Teufelskreis auszusteigen.

Das Gefühlstagebuch

Für diese praktische Übung benötigen Sie ein leeres Buch, eine Kladde oder einen Block. Beginnen Sie, ein »Gefühlstagebuch« zu führen – ein Gefühlsprotokoll zur emotionalen Sensibilisierung. In den nächsten ein bis zwei Wochen werden Sie Ihr Gefühlsleben wie eine Detektivin überwachen. Damit kommen Sie sich und Ihrem Gefühlschaos auf die Schliche. Die Aufgabe: Notieren Sie immer dann, wenn Sie von Gefühlen gebeutelt wurden, was genau passiert ist, und beantworten Sie sich die folgenden Fragen:

- Wann trat das Gefühl auf (Uhr- oder Tageszeit)?
- Wo waren Sie (Umgebung/Situation)?
- Wer war an der Situation beteiligt?

- Was war der Auslöser für das Gefühl (die Gefühle)?
- Welche Gedanken erzeugte der Auslöser?
- Welche Emotionen fühlten Sie genau?
- Wie haben Sie reagiert?

Auch Monika führt jetzt ein Gefühlstagebuch. Nehmen wir ein beliebiges Beispiel aus ihrem Leben:

- Wann? Montagabend, ziemlich spät.
- Wo/Situation? Zu Hause, müde, etwas frustriert, auf dem Sofa.
- Wer war beteiligt? Meine kleine Schwester Muriel.
- Auslöser? Sie rief wieder mit diesem jammernden Tonfall an, den auch Mama früher draufhatte und den ich noch nie ausstehen konnte. Sie wollte unbedingt, dass ich ihr übers Wochenende mein Auto leihe, damit sie mit ihren Freundinnen eine Spritztour nach Wien machen konnte.
- Gedanken? Eigentlich wollte ich ihr mein Auto nicht leihen. Erstens hat sie selbst eines, zweitens kriege ich es immer in fürchterlichem Zustand zurück, und drittens fährt sie wie der Teufel. Ich mache mir Sorgen, dass sie mein Auto zu Schrott fährt. Aber: Was wäre ich doch für eine fürchterliche Schwester, wenn ich ihr wegen meiner kleinlichen Betrachtungsweise den Spaß verderben würde. Ich fürchtete, dass sie gleich wieder zu weinen anfangen würde, und hatte ein total schlechtes Gewissen, so egoistisch zu sein.
- Emotionen? Ich war ziemlich wütend. Wütend auf sie, dass sie mich emotional so erpresste mit ihrem Gequengel, aber auch

wütend auf mich, weil ich bei der ersten Träne umfiel. Dann fühlte ich mich aber auch schuldig, weil ich wütend war und weil ich so egoistisch war. Resigniert und verzweifelt. Ich weiß einfach nie, wie ich mit so etwas umgehen soll. Nach dem Telefonat hatte ich wieder Kopfschmerzen.
- Reaktion? Ich habe ihr mein Auto zähneknirschend versprochen und ihr auch noch versichert, dass es mir nichts ausmacht. Nur, damit sie kein schlechtes Gewissen bekommt.

Wenn Sie sich auf diese Weise einige Tage beobachtet haben, werden Sie bemerken, dass Sie Ihre Gefühle, die Auslöser und die einzelnen Elemente immer schneller und besser wahrnehmen können. Gut so. Je klarer und je eher Sie Ihre Gefühle analysieren, desto besser können Sie gegensteuern.

Auslöser identifizieren, Verhaltensmuster knacken

Auf diese Weise können Sie nach immer wiederkehrenden Verhaltensmustern fahnden. Ganz sicher gibt es auch bei Ihnen bestimmte Auslöser, die Ihr emotionales Karussell automatisch in Gang setzen. Was verursacht bei Ihnen negative Gedanken und Emotionen? Eine Geste, ein Gesichtsausdruck, eine Situation, ein Tonfall, eine bestimmte Formulierung, eine Emotion beim Gegenüber?

Monika hat herausgefunden, dass es bei ihr unter anderem dieser jämmerliche Tonfall ist, der sie sofort in Mitgefühl schwimmen lässt, ihr schlechtes Gewissen aktiviert und sie ziemlich schnell umfallen lässt. Das hat sie als Kind gelernt: Ihre Mutter hat ihr damit – sicher unbeabsichtigt, aber regelmäßig – Schuldgefühle eingeimpft.

Sollte es Ihnen schwerfallen, Ihre Gefühle und Stimmungen so differenziert wahrzunehmen, können Sie morgens – oder auch tagsüber, wenn Sie ein Viertelstündchen Zeit haben – zusätzlich folgende Wahrnehmungsübung machen:

Gefühle besser wahrnehmen Setzen Sie sich bequem hin, schließen Sie die Augen, atmen Sie ein paar Mal tief durch, und konzentrieren Sie sich auf Ihr Innenleben. Spüren Sie in sich hinein: Was fühlen Sie gerade? Seien Sie geduldig, bis Sie etwas wahrnehmen. Es muss nicht gleich eine starke Emotion sein; schwache Gefühle und unterschwellige Stimmungen machen uns ohnehin öfter zu schaffen. Vielleicht taucht so etwas wie Neugier auf oder Langeweile, ein Gefühl der Albernheit, vermischt mit etwas Ärger? Irgendetwas wird mit Sicherheit spürbar sein – wir können nicht nichts fühlen. Nun greifen Sie zu Ihrem Tagebuch und notieren alles, was Sie bei dieser Wahrnehmungsübung gespürt haben. Beschreiben Sie unzensiert die emotionalen Regungen, die körperlichen Empfindungen, aber auch Ihre Gedanken dazu. Wenn Sie wollen, können Sie Ihre Gefühle auch in anderen Formen zum Ausdruck bringen: Malen Sie, bewegen Sie sich zur Musik, singen Sie oder machen Sie Geräusche. Was immer Ihnen liegt und Ihnen geeignet erscheint.

Diese Übung schult nicht nur Ihr Wahrnehmungs- und Differenzierungsvermögen, sondern sie hilft Ihnen auch, den Tag im Hinblick auf Ihre Stimmungen und Emotionen bewusster zu gestalten. Nehmen Sie Rücksicht auf Ihre Gefühlswelt, damit es Ihnen möglichst gut geht. Wenn Sie nämlich ohnehin schon eine eher deprimierte Grundstimmung haben, sollten Sie an solchen Tagen möglichst nur angenehme Dinge in Angriff nehmen. Treiben Sie sich nicht noch durch selbst auferlegte Strafarbeiten – wie drei Stunden Turbobügeln komplizierter Rüschenblusen – vollends in die Krise. Seien Sie gut zu sich selbst.

Das Gefühlskarussell stoppen

Die Vorarbeit zum Verlassen des Gefühlskarussells ist geleistet. Jetzt suchen wir in den verschiedenen Phasen des negativen Kreislaufs nach dem jeweiligen Notausstieg:

Kreislauf Phase 1 / Negativer Auslöser Das Tagebuch wird Ihnen dabei helfen, vieles über Ihre »Gefühlsgewohnheiten« herauszufinden. Sie werden lernen, welche – unsinnigen – Auslöser Sie in einen schlechten Zustand versetzen. Die Strategie zum Ausstieg ist bestechend simpel: Ignorieren Sie die Auslöser, blenden Sie sie aus, denken Sie an etwas anderes, tun Sie so, als ob Sie nichts wahrgenommen hätten. Dieses Verhalten ist auch bekannt als Vogel-Strauß-Politik. Klingt einfach, funktioniert aber sehr gut. Der Mensch kann durchaus hartnäckig die Wahrnehmung von irgendetwas verweigern. Meistens tut er das unglücklicherweise bei Dingen, die er nicht ignorieren sollte: der überfälligen Steuererklärung, dem unangenehmen Thema, das sofort mit dem Partner besprochen werden müsste, der defekten Spülmaschine, in der das Wasser schon geraume Zeit steht ...

Warum sollten Sie nicht so schlau sein und diese wirksame Strategie nützlicher anwenden, nämlich bei den Dingen, die Sie unnötig negativ beeinflussen? Kneifen Sie innerlich fest die Augen zu, summen Sie beruhigend vor sich hin, gucken Sie, auch buchstäblich, woanders hin, lenken Sie sich ab – und wenn Sie sich im Geiste den Erlkönig aufsagen.

Der weinerliche Ton einer Stimme, der flehende Blick, die strategisch herausgequetschte Träne, der vorwurfsvolle Hemdenstapel, das hilflose Herumhantieren mit dem Staubsauger: All das müssen Sie nicht wie unter einem Brennglas konzentriert zur Kenntnis nehmen. Sie müssen kein schlechtes Gewissen bekommen und sofort etwas tun, was Sie gar nicht wollen.

Kreislauf Phase 2 / Kopf: (automatische) negative Interpretationen, Gedanken und Befürchtungen und Körper: erste körperliche Warnsignale Halten Sie Ihr Karussell sofort an, damit es gar nicht erst richtig Fahrt aufnimmt. So funktioniert's:

Sagen Sie Stopp. Sobald Sie die ersten negativen Gedanken wahrnehmen, sagen Sie in Gedanken mehrmals energisch Stopp! zu sich, um die automatischen negativen Gedanken gar nicht erst zur Wirkung kommen zu lassen. Wenn möglich, sagen Sie es ruhig auch laut. Sie können Ihr Stopp noch mit einer entsprechenden Geste verbinden: Stemmen Sie erbost die Arme in die Hüften, hauen Sie mit Ihrer Faust auf den Tisch, stampfen Sie kräftig auf, machen Sie mit ausgestrecktem Arm die Stopp-

Geste. Was auch immer Ihr verbales Stopp unterstreicht und verstärkt. Konzentrieren Sie sich so lange darauf, bis es Wirkung zeigt.

Atmen Sie tief durch. Nehmen Sie ein paar tiefe Atemzüge, um Ihren Körper und Ihr vegetatives Nervensystem zu beruhigen und wieder in einen ruhigeren Zustand zu kommen.

Gewinnen Sie Distanz und denken Sie in Ruhe nach. Sobald Sie den inneren Kreislauf durchbrochen und durch ruhiges Atmen wieder neue Energie gewonnen haben, können Sie sich auf die tatsächliche Situation konzentrieren, den Auslöser Ihrer Karussellfahrt. Überprüfen Sie, ob Sie wieder auf einen Ihrer unsinnigen Auslöser hereingefallen sind: beispielsweise tränenfeuchte Augen oder Bettelblick. Sortieren Sie rationale Probleme und irrationale Reaktionen darauf. Betrachten Sie die Situation ruhiger und realistischer, ohne übertriebene Befürchtungen. Finden Sie für die Wahrnehmung, die Sie so stresst, mindestens drei harmlose Erklärungen, die mit Horrorszenarien bezüglich Ihrer Person nichts zu tun haben: Die Person mit den tränenfeuchten Augen kommt gerade vom Zwiebelschälen, hat sich falsche Augentropfen eingeträufelt, hat ein Staubkorn im Auge, übt gerade für das Vorsprechen bei einer Soap-Sendung ...

Alle Erklärungen sind besser und oft auch wahrscheinlicher, als zu glauben, Sie würden zum meistgesuchten Verbrecher der Republik, wenn Sie nicht sofort tun, was der andere will. Und wenn Sie bei Ihren Erklärungsversuchen ab und zu schmunzeln müssen, umso besser. Wenn alles nichts hilft: Fragen Sie nach. Wenn Sie eine Verhaltensweise wirklich irritiert und Sie mit keiner Ihrer harmlosen Deutungen zufrieden sind, fragen Sie Ihr

Gegenüber schlicht und ergreifend, was los ist. Hauptsache, Sie hören auf, mit unbewiesenen Gruselhypothesen Ihr Wohlbefinden zu zerstören.

Kreislauf Phase 3 / Kopf: innere Reaktion: Aufbau negativer Gefühle und Körper: Verstärkung der physischen Symptome und Kreislauf Phase 4 / Kopf: psychologische Symptome
Machen Sie sofort eine Pause. Wenn es möglich ist, stehen Sie auf und verlassen den Raum. Bewegen Sie sich, atmen bewusst ruhig und tief in den Bauch hinein, konzentrieren sich auf etwas Schönes, tun sich etwas Gutes, trinken einen Tee oder kühlen Ihre Handgelenke unter dem Wasserhahn. Wenn Sie etwas gelassener sind und Ihr Kopf wieder funktioniert, gehen Sie allerdings tunlichst zurück. Schließlich wollen Sie ja nicht mehr flüchten wie ein Hasenfuß, sondern nur wieder etwas stabiler werden. Auch wenn es manchmal besser ist, ein Gespräch erst einmal zu vertagen, bis beide Seiten ruhiger sind. Tun Sie das aber nur mit einem konkreten Termin zur Fortsetzung. Sollten Sie die Situation nicht äußerlich unterbrechen können, dann tun Sie es zumindest innerlich, indem Sie in Gedanken abschweifen und sich an ein schönes Erlebnis erinnern. So abwesend und beschäftigt, wie die meisten unserer Gesprächspartner sind, werden ihnen ein paar Sekunden geistiger Auszeit gar nicht auffallen.

Kreislauf Phase 5 / Kopf und Körper: unangemessene Verhaltensweisen und Reaktionen Bevor Sie nun sofort wieder mit einer Ihrer Standardreaktionen (»Ist ja gut, ich mach's schon«) in die Harmoniefalle tappen:

Tun Sie gar nichts. Schweigen Sie oder nehmen Sie sich zumindest eine Bedenkzeit, damit Sie sich auf das für Sie harte Wort Nein ausreichend vorbereiten können.

Befragen Sie Ihr Vorbild, was es tun würde. Lassen Sie einen Film vor Ihrem geistigen Auge ablaufen, der Ihnen die für Sie optimale Reaktion noch einmal verdeutlicht. Wenn Sie es beim ersten Mal noch nicht so toll hinkriegen – macht nichts. Der größte Erfolg besteht darin, dass Sie nicht mehr das tun, was Sie immer tun: mehr oder weniger ohne Widerstand nachgeben.

Sprechen Sie Ihre Gefühle offen an und sagen Sie, dass Sie nicht sofort reagieren wollen. Wenn man weiß, wie man auch negative Emotionen konstruktiv ansprechen kann – wie das geht, verraten Ihnen die folgenden Kapitel –, kann man sich vor übereilten Reaktionen schützen.

Kreislauf Phase 6 / Verstärkung des negativen Zustandes wird zum neuen Auslöser → Wiedereinstieg bei Phase 1 / Negativer Auslöser An diesem Punkt sollten Sie eigentlich gar nicht mehr ankommen, weil Sie vorher schon ausgestiegen sind. Wenn doch, gehen Sie zurück auf Los, und nehmen Sie erneut den ersten möglichen Ausstieg.

Im Folgenden kommen noch ein paar Anregungen, wie man speziell mit den belastenden Gefühlen Sorge und Angst umgehen kann, die Sie als harmoniebedürftige Person gut kennen dürften: Sorge, ob Sie nicht doch jemanden unabsichtlich vergrätzt haben, ob Sie bei der Verhandlung mit dem smarten Autoverkäufer zu ruppig waren, ob die komische Reaktion der Kollegin in der letzten Sitzung vielleicht darauf beruhte, dass Sie nur sich und nicht auch ihr Kaffee nachgeschenkt haben. Oder Angst vor dem nächsten Grundsatzgespräch mit Ihrem Partner, vor der nächsten Präsentation, zu der über 20 Leute erwartet werden, vor dem fälligen Mitarbeitergespräch mit Ihrem rüden Chef, vor der Reklamation im Reisebüro oder in der Autowerkstatt ...

Je diffuser und hemmungsloser Sie sich solchen Befürchtungen hingeben, desto schlimmer werden sie. Sie können Ihnen jegliche Energie, Lebensfreude und Hoffnung rauben – im schlimmsten Fall bekommen Sie Depressionen oder Angststörungen. Daher ist es wichtig, diese Emotionen frühzeitig zu bremsen und in Schach zu halten. Reduzieren Sie sie auf ein realistisches Niveau. Zum Glück gibt es dafür wirksame und erprobte Strategien:

Erstellen Sie ein Worst-Case-Szenario zur Entzerrung Ihrer Befürchtungen. Je konkreter Sie sich die befürchteten Auswirkungen einer Situation vorstellen, desto kleiner wird tendenziell die Angst, und desto klarer wird Ihnen, dass manche Auswirkungen gar nicht so schrecklich wären. Nachts ein Geräusch zu hören und nicht zu wissen, woher es rührt, führt zu einer viel diffuseren, größeren Angst, als wenn Sie wissen, dass ein Betrunkener Halt suchend an Ihrem Gartentor rappelt.

Zum anderen hilft Ihnen diese realistische Betrachtung möglicher Konsequenzen, Ansatzpunkte zu finden, wie Sie die Situation verbessern könnten und Ihre Hilflosigkeit überwinden. Es ist deutlich besser, sich mit einer aktiven Bewältigung einer negativen Situation zu beschäftigen, als sich von drückenden Sorgen zerfressen zu lassen.

Prüfen Sie die Wahrscheinlichkeit von Ereignissen. In einem Zustand der Sorge und Angst neigen wir dazu, nicht nur alles negativ zu sehen, sondern uns zudem die erwarteten Ereignisse und Konsequenzen viel zu übertrieben auszumalen. Natürlich ist alles denkbar Schlechte auch möglich. Aber ist es auch wahrscheinlich? Sollten Sie allein nicht aus Ihrem Katastrophendenken herausfinden, befragen Sie gute Freunde oder Familienmitglieder, die eine unverzerrtere Sicht auf die Situation haben.

Leben Sie bewusst von Stunde zu Stunde. Wenn Sie gerade in einer schwierigen Lebenssituation stecken oder vor einer Herausforderung stehen, die Ihnen Angst macht, ist es für Ihr Wohlbefinden besser, sich nicht pausenlos die Dauerhaftigkeit und Unüberwindbarkeit vorzustellen. Konzentrieren Sie sich lieber Schritt für Schritt auf die Bewältigung des aktuellen Tages. Es gibt Beispiele von Schiffbrüchigen, die eine Strecke geschwom-

men sind, die niemand für möglich gehalten hätte. Als man sie befragte, wie sie das geschafft hätten, antworteten sie, dass sie sich immer nur noch einen Schwimmzug vorgenommen hätten – und dann noch einen und noch einen. Wenn sie gewusst hätten, welche Strecke vor ihnen lag, wären sie gar nicht erst losgeschwommen. Achten Sie darauf, jeden Tag immer auch die positiven Aspekte wahrzunehmen, seien sie auch noch so gering. Das hilft Ihnen dabei, nicht ausschließlich an Ihre Sorgen zu denken und die Welt nicht nur durch eine pechschwarze Brille zu sehen.

Limitieren Sie die Sorgenzeit. Es ist äußerst hilfreich, sich pro Tag nur eine begrenzte Zeit für seine Sorgen und Ängste zuzugestehen. Erlauben Sie sich beispielsweise morgens zehn Minuten, in denen Sie Ihre Sorgen hemmungslos zulassen. Dann beenden Sie diesen Zustand und widmen Sie sich etwas anderem.

Lenken Sie sich durch sinnvolle Beschäftigung ab. Nur ein unbeschäftigter Kopf kann sich dauernd mit Sorgen und Ängsten beschäftigen, denn der Mensch ist nicht wirklich »multitaskingfähig«, das heißt, er kann sich immer nur auf eine Sache richtig konzentrieren. Suchen Sie sich deshalb eine Beschäftigung, die Sie geistig voll beansprucht. Staubwischen oder Fensterputzen reichen bei normalem Intelligenzquotienten nicht aus. Vielleicht fällt es Ihnen am Anfang schwer, sich statt auf Ihre Sorgen auf etwas anderes zu konzentrieren. Halten Sie etwas durch, und bleiben Sie mit Selbstdisziplin am Ball. So können Sie sich eine erholsame Pause von Ihren bedrückenden Emotionen gönnen.

Reden Sie mit einer verständnisvollen Person. Suchen Sie sich einen Menschen Ihres Vertrauens, dem Sie von Zeit zu Zeit Ihr

Herz ausschütten können. Dinge, die man ausgesprochen hat, verlieren schon viel von ihrem Schrecken. Trost und Zuspruch helfen, sich besser zu fühlen. Es ist leichter, Gedanken loszulassen, die man verbalisiert hat. Deshalb funktioniert übrigens auch das Führen eines Tagebuches gut. Vertrauen Sie Ihre Ängste und Sorgen einfach dem Papier an – auch das entlastet ungemein.

Nun haben Sie sich einen Überblick über Ihr Gefühlschaos verschafft. Sie haben gesehen, wie man Notausstiege aus dem emotionalen Karussell findet und Sorgen und Ängste dämpft. Im nächsten Schritt gilt es, festzustellen, über welche wunderbaren Ressourcen Sie eigentlich schon verfügen. Die sind Ihnen vielleicht gar nicht recht bewusst. Wir werden sie miteinander freischaufeln.

6 Wissen, was man kann: Erkennen Sie Ihre Vorzüge!

Monika ist mit ihrer neuen Vision und dem zunehmend entwirrten Gefühlschaos sehr zufrieden. Sie ist schon auf dem Weg zur Wiederentdeckung ihrer inneren Stärke. Jetzt ist sie bereit, herauszufinden, wo genau eigentlich ihre Stärken und Schwächen liegen, damit sie bei ihrer positiven Entwicklung den Hebel gezielt ansetzen kann. Sie will auch diesen Schritt systematisch angehen und hat dazu in ihren Seminarunterlagen folgenden Prozess gefunden:

Schritt 1: Stärken und Schwächen auflisten Temperament, Eigenarten, Charaktermerkmale, Ticks, kleine Macken und Gewohnheiten – das ganze menschliche Spektrum.

Schritt 2: Schwächen untersuchen und neu bewerten Bedeutet die Schwäche X vielleicht noch etwas anderes? Ist die Schwäche X in einem anderen Kontext, einer anderen Situation sogar nützlich? Jede Medaille hat zwei Seiten: Eine neue Perspektive hilft, auch andere Aspekte zu sehen. Überbewerten Sie eine Schwäche nicht, sondern überlegen Sie, in welcher Situation es vielleicht gar keine Schwäche ist. Wie kann man diese Vorteile sinnvoll nutzen?

Schritt 3: Selbstbild mit Fremdeinschätzung überprüfen Lassen Sie Ihre eigene Einschätzung von einer Freundin beurteilen, um Verzerrungen und blinde Flecken auszumerzen. Ein Blick von außen ist immer hilfreich.

Schritt 4: Stärken stärken Mobilisieren Sie Ressourcen, die Ihr eigenes Selbstbild stärken.

Schritt 5: Schwächen schwächen Bauen Sie sukzessive Schwächen ab.

Stärken-Schwächen-Bilanz

Ihre Stärken aufzulisten, fällt Monika ziemlich schwer. Wie dem Durchschnittsmenschen übrigens: Fast jedem fallen viel mehr und viel spontaner Schwächen ein als Stärken. Erbarmungslose Selbstkritik ist en vogue. Bei den chronisch bescheidenen Damen ist dieser Zug noch ausgeprägter als bei den Herren.

Schritt 1: Stärken und Schwächen auflisten Monika teilt in ihrem Buch eine Doppelseite in einige Spalten auf (siehe folgende Tabelle). Als sie merkt, dass sie dabei wie immer an ihrem Kugelschreiber herumkaut, schreibt sie das als erste kleine Schwäche auf. Sie nimmt sich vor, diese unappetitliche Gewohnheit als Erstes abzustellen. Nun sind die Schleusen geöffnet, ihre – angeblichen – Schwächen sprudeln nur so heraus. Die Liste wird immer länger. Sie notiert dazu auch, welcher Auslöser zur Aktivierung eines von ihr als negativ wahrgenommenen Verhaltens führt.

Zögernd schreibt Monika dann die eine oder andere Stärke hin, wobei sie sich anfänglich noch sehr sonderbar fühlt. Darf man etwas uneingeschränkt Gutes über sich sagen? Darf man. Zudem schätzt sie ein, wie ausgeprägt diese Eigenschaft bei ihr ist und in welchen Situationen sie sie besonders gut oder besonders schwer abrufen kann. Damit sie ein ausgewogenes Bild bekommt, sucht und überlegt sie so lange, bis sie genau so viele Stärken aufgeschrieben hat wie Schwächen. Außerdem blättert sie in ihrem persönlichen Tagebuch ein paar Seiten zurück und liest noch einmal, was sie bei ihrer Visionsfindung über ihr Idealbild von sich selbst in der Zukunft notiert hat. Diese Eigenschaften möchte sie ja gerne entwickeln. Sie nimmt sie deshalb in ihre Liste der vorhandenen und gewünschten Stärken mit auf. Schließlich muss sie ja wissen, wo sie heute steht und was sie noch lernen muss, um ihrer Vision näher zu kommen.

Meine Stärken

Stärken und Eigenschaften (Istzustand und Idealvorstellung)	Wenig – ein bisschen – ziemlich – sehr	Wo besonders leicht aktiviert?	Wo schwer abrufbar?
Hilfsbereit, mitfühlend	Sehr	Eigentlich immer	Wenn ich erschöpft bin
Tolerant	Ziemlich	Wenn es um die Probleme und Verhaltensweisen anderer geht	Wenn jemand wirklich ungerecht oder böse ist
Harmoniebedacht	Sehr	Immer bei Menschen, die ich mag	Wenn mich jemand nervt
Freundlich	Ziemlich	Fast immer	Im Stress
Neugierig, interessiert	Ein bisschen	Bei neuen Menschen, bei spannenden Themen	In Situationen, die mir Angst machen
Intelligent, lernfähig	Ziemlich	Wenn ich mich sicher fühle	In gefühlsbeladenen Krisensituationen
Zielstrebig, konsequent	Ziemlich	Bei wirklich wichtigen Themen, im Beruf	Beim Neinsagen und Abgrenzen
Selbstsicher	Wenig	In meinem Job, und wenn ich sicher bin, dass ich mich auskenne	Sobald sich jemand sehr überzeugt von seiner Meinung gibt
Kompetent	Sehr	In meinem Job	Wenn ich eine Präsentation halten muss
Realistisch-optimistisch	Ein bisschen	Im Job	Was mich selbst angeht
Durchsetzungsfähig	Wenig	Am ehesten bei ganz fremden Menschen	Bei Menschen, die mir nahestehen

Wissen, was man kann: Erkennen Sie Ihre Vorzüge!

Meine Schwächen

Schwächen	Auslöser, Ursache, Folge	Andere Perspektive
Kugelschreiber zerkauen	Wenn ich angestrengt überlege, bei Unsicherheit	
Zu nachgiebig	Angst, dass der andere sauer wird	
Zu wenig Rückgrat, wehre mich nicht, Wackelpudding	Angst, dass der andere sauer wird	
Unsicher	Stirnrunzeln, linkische Bewegungen usw.	
Zu sehr beeinflusst von der Meinung anderer	Kein Mut zu eigener Bewertung	
Manipulierbar	Verunsicherung über die Reaktion anderer, schnell aktiviertes schlechtes Gewissen	
Nicht kritikfähig	Angst, nicht mehr gemocht zu werden	
Zu verschwenderisch mit Geld	Kann so schlecht Nein sagen, tröste mich mit einem Einkauf, wenn es mir nicht so gut geht	
Quasi etwas unehrlich	Traue mich oft nicht, meine wahren Gefühle zu äußern, aber grolle dann innerlich sehr	
Zu empfindlich	Beziehe alles immer gleich auf mich, nehme alles persönlich	
Zu schüchtern und bescheiden	Habe Angst, dass andere mich für großspurig halten, wenn ich mich positiv darstelle	

Charakterschwächen und liebenswerte Macken

Monika hat noch nie darüber nachgedacht, dass man so genannte Schwächen auch anders sehen kann. Sie hat immer nur Negatives an Schwächen empfunden und sich selbst verachtet.

Schritt 2: Schwächen untersuchen und neu bewerten Nehmen wir das Kugelschreibersyndrom: Sie kaut natürlich schon wieder, merkt es jetzt aber – ein Fortschritt. Ist das wirklich eine eklige, hassenswerte Angewohnheit oder kann man es auch als liebenswerten Tick sehen? Andere, wie einer ihrer wichtigsten Kunden beispielsweise, knabbern nicht nur an Kugelschreibern, sie säubern sich damit sogar öffentlich die Ohren. *Das* ist eklig. Sie wird versuchen, das Kauen einzudämmen. Fertigmachen muss sie sich deswegen nicht.

Aber ihre zu große Nachgiebigkeit? Ihr fällt spontan ein: In einer verfahrenen Konfliktsituation ist es doch gut, wenn einer nachgeben kann, damit man nicht ewig in einer Pattsituation fest-

steckt. Sonst ginge ja nie etwas vorwärts. Nachgiebigkeit bedeutet also auch, dass man flexibel ist und nicht stur an einer nicht mehr funktionierenden Strategie festhält. Gar nicht so schlimm, diese Nachgiebigkeit. Monika muss es nur hinkriegen, sie nur in der passenden Situation zu aktivieren und nicht immer, stets und ständig. Sie geht ihre Schwächentabelle noch einmal durch und ergänzt die einzelnen Punkte um die neuen Sichtweisen:

Meine Schwächen – anders betrachtet

Schwächen	Auslöser, Ursache, Folge	Andere Perspektive
Kugelschreiber zerkauen	Wenn ich angestrengt überlege, bei Unsicherheit	Liebenswerter, kleiner Tick
Zu nachgiebig	Angst, dass der andere sauer wird	Vermeidet endlose Pattsituationen, zeigt Flexibilität
Zu wenig Rückgrat, wehre mich nicht, Wackelpudding	Angst, dass der andere sauer wird	Wackelpudding = Rücksichtnahme und Flexibilität. Außerdem ist es sinnlos, sich zu wehren, wenn der andere die Situation beherrscht und man nichts ändern kann. Wird man bei gezückter Pistole nach Geld oder Leben gefragt, hat man auch keine echte Wahl.
Unsicher	Stirnrunzeln, linkische Bewegungen usw.	Ist auch irgendwie liebenswert, ein bisschen unsicher zu sein und nicht alles felsenfest und besser zu wissen. Das schützt davor, andere unterzubuttern.
Nicht kritikfähig	Angst, nicht mehr gemocht zu werden	Man nimmt die Meinung anderer wahr und denkt darüber nach, ist nicht ignorant und egozentrisch.

Stärken-Schwächen-Bilanz

Schwächen	Auslöser, Ursache, Folge	Andere Perspektive
Zu sehr beeinflusst von der Meinung anderer	Kein Mut zu eigener Bewertung	Schwierig. Was soll daran gut sein? Vielleicht kann man manche Dinge aufgrund fehlenden Know-hows wirklich nicht beurteilen und muss sich auf die Meinung anderer verlassen. Ist auch eine Form der Wertschätzung anderen gegenüber.
Manipulierbar	Verunsicherung über die Reaktion anderer, schnell aktiviertes schlechtes Gewissen	Zeigt Offenheit für Reaktionen anderer. Man kann ja auch zu positiven Dingen manipuliert werden.
Zu verschwenderisch mit Geld	Kann so schlecht Nein sagen, tröste mich mit einem Einkauf, wenn es mir nicht so gut geht	Sich selbst etwas gönnen können, nett zu sich sein, auch mal spontan etwas Unvernünftiges tun, auf jeden Fall nicht geizig, genussfähig. (Das gefällt mir fast schon zu gut – nicht, dass ich nur eine Ausrede suche, nichts daran zu ändern!)
Quasi etwas unehrlich	Traue mich oft nicht, meine wahren Gefühle zu äußern, aber grolle dann innerlich sehr	Es gibt viele Situationen, in denen es nicht angemessen ist, seine wahren Gefühle zu äußern, sondern sich zurückzuhalten. Ist auch eine Kunst, die nicht jeder beherrscht.
Zu empfindlich	Beziehe alles immer gleich auf mich, nehme alles persönlich	Zumindest ist man kein empfindungsloser Klotz, den nichts berührt und zeigt, dass man über sich nachdenkt und nicht unreflektiert durchs Leben geht.
Zu schüchtern und bescheiden	Habe Angst, dass andere mich für großspurig halten, wenn ich mich positiv darstelle	Sich zurücknehmen zu können, ist wichtig. Man muss nicht immer dominant im Mittelpunkt stehen.

Monika findet: So schlimm steht es gar nicht um sie. Besonders die Erkenntnis, dass die Schwächen auch positive Aspekte haben, hat sie überrascht und erleichtert.

Ihr Ziel wird es also nicht sein, diese Schwächen komplett auszumerzen, sondern sie situativ angemessen einzusetzen. Sie hat verstanden, dass sie diese neu entdeckten positiven Seiten nutzen kann und sie sogar zu einer Stärke werden können. Für jede dieser Eigenschaften und Reaktionen hat sie auch schon ein paar typische Situationen oder Menschen im Kopf. Dort wird sie sie auf jeden Fall beibehalten und weiter einsetzen.

Zum Beispiel bei der Nachgiebigkeit: Der Inhaber der Agentur, in der sie arbeitet, hat von einem merkwürdigen Seminar die Idee mitgebracht, dass sich alle Mitarbeiter morgens treffen, damit sie »sich gegenseitig energetisch-auramäßig und motivational durch positive Statements pushen und inspirieren«. So waren seine Worte.

Nicht nur sie hält das für alberne Zeitverschwendung. Aber da ist er leider so stur, dass sie lieber nachgibt, diese zehn Minuten spendiert und das Ganze mit Humor sieht. Auch in Zukunft. Doch bei anderen Gelegenheiten war ihre Nachgiebigkeit nicht angemessen – da muss sie nur an Tina und ihre Faulheit bezüglich des Präsentationsprogramms denken. Hier wird sie sich künftig ein neues Repertoire zulegen. Jetzt fährt sie erst einmal mit dem nächsten Schritt fort:

Eigenbild und Fremdwahrnehmung

Monika ist sich nicht sicher, ob sie sich selbst angemessen eingeschätzt hat. Objektive Ehrlichkeit sich selbst gegenüber ist nicht einfach. Manche Philosophen und Psychologen behaupten gar, es sei unmöglich. Nun kommt es ihr nicht auf wissenschaftliche Exaktheit an. Sie will nur sichergehen, dass sie mit ihrer Einschätzung nicht völlig danebenliegt. Lieber noch einmal überprüfen, ehe sie mit einer falschen Vorstellung weitermacht.

Schritt 3: Selbstbild mit Fremdeinschätzung überprüfen Monika fällt sofort ihre Freundin Maja ein, der sie vertraut und der sie eine objektive Einschätzung zutraut. Kurz entschlossen greift sie zum Telefonhörer und erklärt ihr kurz, was sie gerade macht. Maja sieht Monika in den meisten Punkten ganz ähnlich, nur beim Thema Selbstsicherheit findet sie, dass Monika ihr Licht unter den Scheffel stelle. Sie wirke selbstsicherer, als sie meint. Über das Kugelschreiberthema muss sie kichern und erklärt, das sei nun wahrlich nicht ihre dringendste Baustelle. Sie könne sich eine nicht knabbernde Monika gar nicht mehr vorstellen. Monika verspricht ihr, nun selbst kichernd, dass sie das in Majas Gegenwart bis ans Lebensende beibehalten wird. Maja hat eine Ergänzung, die Monika noch mit in ihre Liste aufnimmt: Sie sagt, dass Monika ein wenig zu naiv sei und gutgläubig alles schlucke, was man ihr vorsetzt. Manche Aussagen könne sie ruhig mal kritisch hinterfragen.

Nachdem sie den Hörer aufgelegt hat, ist Monika ziemlich zufrieden mit sich selbst und klopft sich innerlich auf die Schulter.

Sie hat ihre Bestandsaufnahme offensichtlich mit dem richtigen Grad an Ehrlichkeit vorgenommen. Dass andere Menschen mit einem neuen Blickwinkel noch weitere Punkte entdecken können, findet sie hilfreich. Sie ist froh, dass sie ihre Freundin befragt hat. Nächster Schritt:

Schritt 4: Stärken stärken Diese Bestandsaufnahme hat Monika schon geholfen, ihr Selbstvertrauen zu stärken. Nun ist es ihr förmlich ein Bedürfnis, ihre innere Stärke weiterzuentwickeln und zum Ausdruck zu bringen. Sie sucht aus der Liste der Stärken eine heraus, die sie mit »wenig ausgeprägt« bewertet hat: das Thema Selbstsicherheit. Da es ihr in einigen Situationen leichter fällt als in anderen, diese Stärke auszuleben, schaut sie noch einmal genau hin. Im beruflichen Umfeld fühlt sie sich durchaus selbstsicher – allerdings nicht so sehr, wenn jemand überzeugt von seiner Meinung ist. Dann wird sie schnell wieder unsicher und zweifelt an sich. Sie fände es erstrebenswert, in jeder Situation selbstsicher auftreten zu können.

Schritt 5: Schwächen schwächen Lesen Sie mehr dazu im Abschnitt »Wie man seine Schwächen schwächt«, S. 114.

Alles eine Frage des Blickwinkels

Monika erinnert sich an ein weiteres Seminar, das sie kürzlich besucht und bei dem sie eine mentale Strategie kennen gelernt hat. Was hatte die Trainerin erzählt? Assoziiert, empathisch,

Stärken-Schwächen-Bilanz

dissoziiert, Auslöser, Kopfkino? Sie kramt in ihrem Gedächtnis: Innere Wahrnehmung kann aus verschiedenen Perspektiven erfolgen. Die erste Perspektive ist die *Assoziation*. Sie erleben etwas aus Ihrer subjektiven Position, sehen durch Ihre Augen, hören mit Ihren Ohren und sind intensiv mit Ihren Empfindungen, Fähigkeiten und Gefühlen verschmolzen. In der zweiten Perspektive, der *Empathie*, versetzen Sie sich so gut es geht in die Person eines anderen hinein und versuchen nachzuvollziehen, was im anderen vorgeht. Sie ergründen dessen Gedanken und Gefühle so, als passierten sie Ihnen. Die dritte Perspektive ist die der *Dissoziation*: Sie beobachten dabei etwas von außen, als unbeteiligte Zuschauerin, die nicht aktiv am Geschehen teilnimmt und so das Ereignis kühl und ruhig wahrnehmen kann.

Die Blickwinkel sind nicht nur in Bezug auf die Wahrnehmung, sondern auch emotional gravierend unterschiedlich. Die Perspektive der Assoziation fühlt sich so an, als säßen Sie in der Achterbahn: Sie rattern langsam nach oben. Am höchsten Punkt, der ersten Steilkurve, blicken Sie nach unten in den Abgrund, verspüren ein flaues Gefühl im Magen, merken, wie sich ein Kribbeln im Körper ausbreitet, starren wie gebannt auf die Gleise und nehmen nichts mehr wahr außer der zunehmenden Geschwindigkeit.

Während Sie nach unten sausen, fragen Sie sich panisch, wie oft so ein Wagon wohl schon aus dem Gleis geflogen ist ... Sie sind vollständig mit Ihren Empfindungen, Ressourcen, Gedanken und Gefühlen in Kontakt und nehmen die Welt nur aus Ihrem Blickwinkel wahr.

Die Perspektive der Empathie kann ähnlich intensiv sein, wenn Sie sich nicht nur rational, sondern auch emotional in eine andere Person hineinversetzen können. Was Sie als harmoniebedürftiger Mensch normalerweise sehr gut können – und leider auch viel zu oft und zu lange tun, sodass Sie Ihre eigenen Bedürfnisse gar nicht mehr wahrnehmen. Viele Menschen in heilenden oder therapeutischen Berufen gehen abends mit den Problemen ihrer Patienten nach Hause und sind nicht selten nach ein paar Jahren ausgebrannt.

Die Perspektive der Dissoziation hingegen ruft ganz andere Wahrnehmungen und Empfindungen wach, und die sind meist nicht so intensiv: Es macht einen immensen Unterschied, ob Sie selbst in der Achterbahn sitzen oder sich, wie in der dritten Perspektive, auf einer Kinoleinwand dabei zuschauen: »Na, das sieht ja interessant aus, so eine Achterbahnfahrt! Und wenn alle Insassen so laut kreischen, ich selbst in dem Film auch, scheint es irgendwie auch beängstigend zu sein. Da, dem einen fliegt auch noch die Brille weg, die hätte er vorher vielleicht abnehmen sollen. Und mir zerzaust es offensichtlich die ganz Frisur; sollte ich in diesem Leben jemals wieder Achterbahn fahren, binde ich mir wohl vorher besser ein Kopftuch um.«

Aus dem Kinosessel heraus können Sie eine Situation distanziert und analytisch wahrnehmen und sind emotional nicht involviert. Sie sind mit den Gefühlen des Erlebnisses nicht so intensiv in Kontakt, können allerdings auch nicht so direkt auf die ganze Palette Ihrer Stärken und Fähigkeiten zugreifen.

Wenn Sie einmal bei sich beobachten, aus welcher Perspektive Sie Ihre inneren Filme wahrnehmen, werden Sie vielleicht feststellen, dass Sie, wie viele Menschen, eine nicht besonders kluge Strategie haben: Ihre positiven, angenehmen Erlebnisse – wie traumhafte Stunden mit Ihrem Liebsten am Strand – haben Sie dissoziiert abgespeichert. Das heißt, Sie registrieren die damit verbundenen Gefühle nur als Beobachterin, können aber nicht noch einmal in ihnen schwelgen. Die negativen Begegnungen sind hingegen assoziiert abgelegt: Jedes Mal, wenn Sie sich an die Präsentation erinnern, in der Ihnen vor versammeltem Publikum leider die Rocknaht geplatzt ist, durchleiden Sie die damit verbundenen Gefühle der Peinlichkeit nochmals. So hängt Ihnen das Erlebnis wie ein emotionaler Klotz am Bein.

Hauptdarsteller oder Zuschauer?

Eine wirksame und einfache Strategie im zielführenden Umgang mit emotionalen Erlebnissen oder Vorstellungen: Wechseln Sie Ihre innere Perspektive! Spielen Sie Theater: Springen Sie bei angenehmen Vorstellungen aus Ihrem Logenplatz auf die Bühne und agieren Sie mit. Hüpfen Sie bei negativen sofort herunter von der Bühne, lehnen Sie sich in Ihrem Sessel zurück und analysieren Sie von dort aus, was die bedauernswerte Person, der diese peinliche Sache mit dem Rock gerade passiert, künftig besser machen könnte: das Kostüm eine Nummer größer wählen, in einem Bleistiftrock keine großen Schritte machen, auf elastisches Stretchmaterial achten ... Sie müssen nichts weiter tun, als es sich vorstellen. Genial, oder? Und unser Hirn kann noch viel mehr, zum Beispiel auf einen einfachen kleinen Auslöser hin intensive Gefühle und Zustände abrufen.

So wie negative Gefühle und Gedanken durch einen Auslöser aktiviert werden können, geschieht das auch bei positiven. Der Geruch von Weihnachtsplätzchen oder Sonnenöl, das Foto des Liebsten auf dem Schreibtisch, ein bestimmtes Lied im Radio, eine Bewegung oder Körperhaltung, ein Wort oder Ausdruck, ein spezielles Kleidungsstück, eine Geste, Berührung oder ein Blick: Alles kann als Auslöser fungieren und die damit verbundenen Gefühle und Gedanken so stark aktivieren, dass man die Situation quasi erneut erlebt. Irgendwie scheint da eine Verknüpfung zu bestehen zwischen diesem Auslöser und dem Erlebnis beziehungsweise dem Zustand. Eine Verknüpfung, die immer wieder aufgerufen werden kann. An der Entschlüsselung dieses Zusammenhangs arbeiten viele Neurologen und Hirnforscher.

Soll ich jetzt etwa warten, denkt sich Monika, bis mir das Leben zufällig eine Verknüpfung zwischen einem Auslöser und dem guten Gefühl der Selbstsicherheit beschert? Nein, sie muss nicht passiv auf den glücklichen Zufall warten.

Wie man seine Stärken stärkt

Ob so eine Verknüpfung zufällig entsteht oder bewusst herbeigeführt wird, ist egal. Funktionieren tut sie in beiden Fällen. Sportler, Künstler, Manager, überhaupt erfolgreiche Menschen nutzen diese mentale Strategie, um in schwierigen Situationen nicht allein von ihrer Tagesform abhängig zu sein. Sie haben gelernt, ihre inneren Ressourcen ganz gezielt zu aktivieren.

Schritt 1: Suchen Sie sich einen Auslöser Überlegen Sie, was Ihnen als Auslöser angenehm wäre: ein Wort oder Satz, eine Geste, ein inneres oder äußeres Bild, ein Talisman, eine bestimmte Körperhaltung – was auch immer für Sie geeignet ist. Dieser Auslöser sollte zwei wichtige Eigenschaften haben: Zum einen sollte er nicht allzu alltäglich sein. Angenommen, Sie würden gerne die Ressource Entspanntheit körperlich abrufbar haben. Da wäre es ungünstig, Sie würden sich den Auslöser »Händedruck« aussuchen. Sie wollen ja nicht unbedingt jedes Mal, wenn Sie jemandem die Hand schütteln, entspannt in sich zusammensinken. Es wäre sinnvoller, Sie suchten sich einen Auslöser, der nicht so häufig, zufällig und fremdgesteuert vorkommt. Einen, den Sie selber ganz bewusst aktivieren können.

Außerdem sollte es ein gut wiederholbarer Auslöser sein und einer, der in der Öffentlichkeit nicht für Aufsehen sorgt. Ein Yoga-Kopfstand eignet sich also auch nicht, weil sie diesen Auslöser nun wirklich nicht in allen Kontexten problemlos einsetzen können.

Schritt 2: Rufen Sie ein Erlebnis auf Versetzen Sie sich noch einmal assoziiert, also aus der ersten Perspektive, in ein Erlebnis hinein, in welchem Sie die Stärke, die Sie abrufbar machen möchten, ganz intensiv ausgelebt haben. Durchforsten Sie Ihre Erinnerungen, probieren Sie ruhig mehrere aus, bis Sie eine gefunden haben, in der Sie den gewünschten Zustand ganz stark verspürt haben. Versetzen Sie sich in diese Situation erneut hinein, als würden Sie sie jetzt noch einmal erleben: Schauen Sie genau hin, horchen Sie in sich hinein. Welche Geräuschkulisse gehörte dazu? Genießen Sie, wie das Gefühl der ausgewählten Stärke sich wieder in Ihnen aufbaut. Verstärken Sie es noch, bis Sie das Gefühl haben, die höchstmögliche Intensität erreicht zu haben.

Schritt 3: Fügen Sie Ihren Auslöser hinzu Wenn Sie den gewünschten Zustand mit voller Intensität aktiviert und verstärkt haben, verknüpfen Sie ihn mit Ihrem Auslöser: Sagen Sie sich Ihren Satz, machen Sie die Bewegung, nehmen Sie die Körperhaltung ein, betrachten Sie das Bild, berühren Sie den Gegenstand ..., während Sie das Gefühl noch ganz stark spüren.

Schritt 4: Testen Sie Ihren Auslöser Kehren Sie in die Gegenwart zurück und tun Sie irgendetwas, das Sie garantiert aus Ihrer Erinnerung herausholt: Zählen Sie bis 43, buchstabieren Sie Ihren Namen rückwärts, sortieren Sie Ihre Pullover ... Wenn Sie geistig und emotional wieder hundertprozentig im Hier und Jetzt angekommen sind, denken Sie an die Zukunft: Stellen Sie sich die nächste Situation vor, in der Sie diese Stärke abrufen möchten und in der es Ihnen bisher schwergefallen ist. Achten Sie darauf, dass Sie auch bei diesem Schritt mitten auf der Bühne stehen und die assoziierte Position einnehmen. Spielen Sie in Ihrem inneren Film mit und aktivieren Sie dabei im passenden Moment Ihren Auslöser. Lassen Sie sich überraschen, wie sich Ihre Stärke ebenso aktiviert. Sie werden spüren, dass Sie sie nun auch in dieser neuen Situation zur Verfügung haben. Sollte Sie das Ergebnis noch nicht zufriedenstellen oder Ihr Auslöser noch nicht so gewirkt haben, gehen Sie zurück zu Schritt 2: Suchen Sie weitere Erlebnisse, rufen Sie den inneren Zustand wieder auf und intensivieren Sie ihn. Verknüpfen Sie ihn ruhig mehrfach mit Ihrem Auslöser, bis der Test in Schritt 4 endgültig funktioniert.

Monika ist bereit. Zunächst überlegt sie, welcher Auslöser passend wäre. Sie findet aufmunternde Sätze oder symbolträchtige Worte immer sehr hilfreich, also wählt sie als Auslöser den Namen »Frida« (ihr Vorbild ist ja Frida Kahlo). Ihr fällt eine Situation ein, in der sie sich stark und selbstsicher gefühlt hat: Sie hatte für einen Kunden ein paar geniale Texte verfasst, diese in einem Meeting überzeugend präsentiert und sich dabei großartig und selbstsicher gefühlt. Diesen Erfolgsfilm lässt sie wieder vor ihrem inneren Auge ablaufen und erlebt die Situation noch einmal ganz intensiv, voll assoziiert. Als sie an dem Punkt angelangt ist, an dem der Kunde ihr großes Lob ausspricht, fügt sie ihren Auslöser hinzu, indem sie energisch Frida zu sich sagt.

Jetzt muss sie sich ablenken. Zeit, in die Küche zu gehen und sich ein Glas Prosecco einzuschenken. Sie kehrt zurück in ihr Wohnzimmer und macht den Zukunftstest für ihren neuen

Auslöser: Am nächsten Montag muss sie in ihre Autowerkstatt und eine Reparatur reklamieren, die nicht ordnungsgemäß ausgeführt wurde. Dabei wäre sie gerne so selbstsicher wie möglich, um dem arroganten Werkstattmeister standzuhalten. Sie lehnt sich zurück, nimmt einen Schluck aus ihrem Glas und stellt sich vor, wie sie die Werkstatt betritt. Der Meister kommt mit seinem typischen »Sie-sind-doch-nur-eine-blonde-Frau-und-verstehen-von-Autos-sowieso-nichts-Lächeln« auf sie zu. Sie sagt energisch ihr Zauberwort Frida zu sich, kann spüren, wie sie sich zusammenreißt und sich durch dieses abschätzige Werkstattmeistergehabe nicht eingeschüchtert fühlt. Sie fordert selbstsicher eine Nachbesserung ein. Das fühlt sich richtig gut an. Sie fängt fast an, sich auf den Montag zu freuen ...

Monika beschließt, sich künftig für ihre anderen Stärken auch passende Auslöser und Verstärker zu suchen. Damit wird sie die wichtigsten Ressourcen immer abrufen können, wenn sie sie braucht.

Wie man seine Schwächen schwächt

Nun aber nochmal zurück zu den Schwächen. Auch da sucht Monika sich die heraus, die sie als vorrangig empfindet: ihre oft unangebrachte Nachgiebigkeit, ihre Wackelpuddingmentalität. Der Auslöser dafür ist ihre Angst, dass der Gesprächspartner böse auf sie werden könnte und dadurch die harmonische Beziehung gestört ist.

Sie erinnert sich an den negativen Gefühls- und Gedankenkreislauf, die Strategien zum Ausstieg daraus und an den Umgang mit Ängsten. Das wird sie in der nächsten Situation umsetzen, nimmt sie sich vor, aber gibt es nicht noch etwas, das ihr hilft, sich im Vorfeld vorzubereiten? Sie blättert erneut in ihren Seminarunterlagen und stößt auf die »Mentale Generalprobe«.

Die Mentale Generalprobe basiert auf der Erkenntnis, dass es dem Gehirn in gewisser Weise egal ist, ob man sich etwas vorstellt oder es wirklich erlebt. Stellen Sie sich einmal ganz intensiv vor, wie Sie eine Zitrone aufschneiden, Ihnen der Duft in die Nase steigt, wie Sie sich eine tropfende Scheibe abschneiden und hineinbeißen, wie die Säure Ihnen die Wangen zusammenzieht und Ihre freiliegenden Zahnhälse attackiert ... Können Sie spüren, wie sich Ihr Mund wegen der imaginären Zitrone tatsächlich zusammenzieht, Ihre Zähne protestieren und der Speichelfluss sich vermehrt?

Ein weiterer Gehirnmechanismus macht mentales Training so erfolgreich. Wenn Sie denken, findet das ja nicht im luftleeren Raum statt. Es muss sich irgendwo physikalisch abspielen – nämlich in Ihrem Gehirn. Mittlerweile gibt es viele bildgebende Verfahren in der Hirnforschung, die es erlauben, das Gehirn und seine Aktivitäten so schonend zu verfolgen, dass das Denken dadurch nicht gestört wird. Aufgrund dieser modernen Verfahren weiß man heute, dass Denken und Lernen das Gehirn auch physikalisch verändern.

Wenn Sie eine bestimmte Sache lernen wollen, beispielsweise eine neue Sprache, muss in Ihrem Hirn eine neue Verknüpfung geschaffen werden. Lernen Sie nur ein Mal ein paar Vokabeln, so gibt es nur eine temporäre Verbindung, die schnell wieder verschwindet. Tun Sie das – oder etwas anderes – aber mehrfach, immer und immer wieder, dann wird auf Dauer eine stabile Verknüpfung im Kopf erzeugt. Das ist der Grund, warum Vokabellernen mit oftmaligem Wiederholen verbunden ist, aber auch, warum Sie sich nach 20 Jahren immer noch an das Gedicht vom Erlkönig erinnern können, wenn Sie es als Kind gut gelernt haben. Selbst wenn Sie es als Erwachsener nie mehr aufgesagt haben.

Man könnte also sagen, dass Lernen und Wiederholen sozusagen einen neuen Trampelpfad im Gehirn anlegen. Je öfter Sie etwas tun, umso schneller wird aus dem Trampelpfad eine mehrspurige Autobahn. Und aufgrund des ersten Prinzips – dass es dem Gehirn egal ist, ob etwas echt oder nur vorgestellt ist – können Sie einen Teil des Lernens auch mental absolvieren. Legen Sie vorab eine Trasse ins Neuland Ihres Denkapparates. Im Ernstfall haben Sie dann schon eine Ahnung, wo es langgeht und wie Sie reagieren können.

Mentale Generalprobe und ein Film mit Happy End

Sehr gut, denkt Monika, das werde ich nutzen, um meine Schwächen abzuschwächen. Und so funktioniert's:

Schritt 1: Neues Verhalten entwerfen Begeben Sie sich an einen Platz, an dem Sie ungestört sind, und gehen Sie in Ihr inneres Kopfkino. Denken Sie an die nächste konkrete Situation, in der Sie etwas besser machen möchten, und drehen Sie einen Erfolgsfilm von sich selbst: Wie würden Sie gerne anders als bisher reagieren? Was erschiene Ihnen angemessen und zielführend? Haben Sie dieses Verhalten in einer anderen Situation schon gezeigt und können es auf diese übertragen? Sollten Sie noch keine tolle Idee haben, wie Sie sich besser verhalten könnten, befragen Sie Ihr Vorbild oder jemanden, der das demonstriert, was Sie gerne lernen möchten. Übertragen Sie das Erfolgsbeispiel auf sich selbst. Gehen Sie in die assoziierte Perspektive: Seien Sie die Hauptakteurin, stellen Sie sich die Situation so vor, als würden Sie sie jetzt erleben: mittendrin im Geschehen auf der Bühne, was sehen, hören, fühlen, sagen, denken und tun Sie?

Schritt 2: Wirkung des Verhaltens überprüfen Versetzen Sie sich mental in die Lage des beteiligten Gesprächspartners, schlüpfen Sie in seine Rolle, und überprüfen Sie aus dieser empathischen Perspektive, wie Ihr gewünschtes Verhalten auf ihn wirken würde. Sammeln Sie aus diesem Blickwinkel Informationen, die Sie im nächsten Schritt verwerten können.

Schritt 3: Seien Sie Ihre eigene Regisseurin Verlassen Sie die Bühne, setzen Sie sich in Ihrem inneren Kino auf den Regiestuhl und lassen Sie Ihren Entwurf wie einen Videofilm ablaufen. Überprüfen Sie kritisch aus der dissoziierten Perspektive, ob Ihnen die Version so gefällt. Sehen Sie sich dabei von außen auf Ihrer Leinwand, beobachten Sie sich wie ein guter Freund oder Ratgeber. Berücksichtigen Sie die Informationen aus Schritt 2, und arbeiten Sie sie gegebenenfalls ein. Sie haben auf Ihrem Filmset das Sagen, also optimieren Sie Ihren Film so lange, bis Sie sich sicher sind, dass er oscarreif ist!

Schritt 4: Mentale Generalprobe Nun zurück auf die Bühne. Springen Sie wieder assoziiert in Ihren Film als Hauptdarstellerin hinein, und spielen Sie die Szene noch einmal so, als ob sie jetzt stattfinden würde. Wie fühlen Sie sich? Nur wenn Sie sich bei dieser inneren Privatvorstellung hundertprozentig gut fühlen, sollte das Ihre Endfassung sein. Wenn Sie noch nicht ganz zufrieden sind, kehren Sie zurück zu Schritt 3 und bearbeiten Sie Ihren Film noch einmal, bis er optimal passt.

Geschafft? Sie haben das ultimative Werk gedreht? Dann lassen Sie diesen Erfolgsfilm mehrmals vor Ihrem geistigen Auge ablaufen und tun Sie das immer wieder, wenn Sie an die künftige Situation denken. Sie wollen nie wieder in Ihre unnütze Panik verfallen? Dann schieben Sie den alten Gruselfilm beiseite und sehen Sie sich stattdessen diesen Kassenknüller an. So oft, bis Ihnen das darin entworfene Verhalten vertraut vorkommt.

Monika will sich ganz gezielt auf ihre nächste Begegnung als Ex-Wackelpudding mit Tina vorbereiten, wenn diese sie wieder dazu überreden will, eine Präsentation zu erstellen. Bisher ist dieser Film immer schlecht ausgegangen, weil sie am Ende stets nachgegeben hat. Nun ist es höchste Zeit für ein Happy End.

Schritt 1: Neues Verhalten entwerfen Sie kennt die Situation nur zu genau, daher startet der Film in ihrem Kopf schnell – zunächst allerdings nur in der Negativvariante, die sie assoziiert abgespeichert hat. Sofort fühlt sie sich wieder schlecht. Also stoppt sie den Film, spult zurück und beginnt, ihre Rolle umzuschreiben. Sie stellt sich vor, wie Maja sich an ihrer Stelle verhalten würde. Diese Anregungen arbeitet sie in ihren Part mit ein.

Schritt 2: Wirkung des Verhaltens überprüfen Sie soll sich in die blöde Tina hineinversetzen, die sie so verraten und enttäuscht hat? Das fällt ihr schwer. Sie bemerkt aus dieser Perspektive, dass sie in ihrem ersten Entwurf – aus Angst, wieder umzufallen – einen unverschämten Tonfall und ziemlich harte Worte gewählt hat. Die würde Tina zu Recht in den falschen Hals kriegen. Da hat sie wohl ein wenig übertrieben, auch wenn es den Racheengel in ihr befriedigt hätte, Tina endlich mal richtig zur Schnecke zu machen. Aber eigentlich ist das sowieso nicht ihr Stil.

Schritt 3: Seien Sie Ihre eigene Regisseurin Sie setzt sich in ihren mentalen Regiestuhl, nimmt die dissoziierte Perspektive ein und beginnt – schon etwas gelassener – eine verträglichere Version zu erstellen. Majas Idee, der Kollegin anzubieten, ihr das Programm zu erklären, gefällt ihr sehr gut. Die baut sie in ihren Film mit ein. Noch ein paar kleine Korrekturen, und sie ist zufrieden mit dem Werk.

Schritt 4: Mentale Generalprobe Monika hüpft wieder auf die Bühne und erlebt die Situation assoziiert, so, als würde es jetzt passieren. Freundlich, aber bestimmt lehnt sie in ihrer Vorstellung Tinas Ansinnen ab und unterbreitet ihr das Angebot, sie bei der Einarbeitung zu unterstützen. Im Film reagiert Tina verdutzt und ein wenig sauer. Sie schmollt, aber akzeptiert letzten Endes Monikas Weigerung.

Die Generalprobe ist ein voller Erfolg. Sicher, die Kollegen werden es nicht alle freudig begrüßen, wenn Monika sich nicht mehr ausnutzen lässt. Doch damit kann sie leben. Es fühlt sich richtig gut an, endlich für sich einzustehen. Tun Sie es Monika gleich, und drehen Sie Ihren eigenen Erfolgsfilm.

7 Wissen, wie es geht: Trainieren Sie Ihre innere Stärke!

Fühlen Sie sich mental und emotional schon etwas fitter? Keine Müdigkeit vorschützen: Nun gilt es, auch Ihr Verhaltensrepertoire im Alltag durch praktische Übungen zu erweitern. In diesem Kapitel schicken Sie Ihre innere Stärke quasi ins Fitnessstudio.

Ihre Stärken und Fähigkeiten können Sie mental prima trainieren – allerdings nur diejenigen, die Sie schon haben. Das bloße imaginäre Üben hat einen Haken: Leider ist es auch durch intensivstes mentales Training nicht möglich, Fähigkeiten oder Kenntnisse zu erwerben, die man noch nicht hat. Sonst müssten ja alle Sprach- oder Tanzschulen Konkurs anmelden, wenn Sie allein durch die bildhafte Vorstellung, Chinesisch sprechen oder Tango tanzen zu können, bereits zum Vollprofi würden – und das, ohne eine einzige Unterrichtsstunde genommen zu haben. Will heißen: Am wirkungsvollsten ist eine Kombination aus mentalem und realem Training. Genau wie beim Sprachen- oder Tanzenlernen heißt es auch bei der Überwindung der Harmoniesucht: üben, üben, üben.

Womöglich können Sie Ihre Stärken bisher nicht voll umsetzen, weil Sie die dazu notwendigen Fähigkeiten noch nicht alle erlernt haben. Die schönste innere Selbstsicherheit nützt wenig, wenn man nicht weiß, durch welches Verhalten sie sich demonstrieren lässt. Vielleicht können Sie dieses Verhalten einfach noch nicht abrufen. Die praktische Umsetzung Ihrer inneren Stärke bedeutet, dass Sie Ihre eigenen Gefühle, Stärken, Schwächen, Gedanken und Wünsche sowohl kennen als auch direkt äußern können. Unabhängig davon, ob sie dem Gesprächspartner gefallen oder nicht. Welche Fähigkeiten benötigen Sie dafür?

- In brenzligen Situationen haben Sie genug Mut, Selbstachtung und Zivilcourage, zu Ihrer Meinung zu stehen. Dazu müssen Sie offen, aufrichtig, angstfrei und gleichberechtigt kommunizieren und klar ausdrücken, was Sie wollen. Und was nicht.
- Sie können Ihre Erfolge und Stärken innerlich und äußerlich anerkennen und geben auch bei kleinen Rückfällen oder Misserfolgen nicht auf, sondern starten erneut durch.
- Sie gestalten Ihr Leben aktiv nach Ihren Vorstellungen (nicht nur nach den Erwartungen anderer) und agieren nach Ihren eigenen Maßstäben. Sie freuen sich zwar über die Anerkennung anderer, sind aber nicht von ihr abhängig.

- Im Konfliktfall spielen Sie nicht den Vogel Strauß oder das verschreckte Reh, sondern halten Spannungen auch mal aus. Sie stellen sich einer Auseinandersetzung und wissen, wie man Konflikte konstruktiv bewältigt und seine eigenen Belange dabei im Auge behält.

Zu all diesen Fähigkeiten finden Sie im Folgenden Methoden und Übungen zur Verstärkung und Weiterentwicklung. Auch beim körperlichen Training stählen Sie ja nicht nur einen einzigen Muskelbereich – oder lediglich Ihre Ausdauer.

Sie entwickeln Ihre Leistungsfähigkeit vielmehr auf verschiedenen Ebenen. Damit Sie auch innerlich keine unausgewogene, verzerrte »Figur« bekommen, sollten Sie Ihre Übungen aus verschiedenen Bereichen auswählen und immer wieder neu zusammenstellen. Auch in diesem Fitnesscenter finden Sie ein Angebot an verschiedenen Geräten, Methoden, Übungsstunden und Trainingseinheiten, aus denen Sie nacheinander diejenigen auswählen können, die für Sie derzeit am wichtigsten sind.

Aber Vorsicht: Wählen Sie nicht nur die aus, die Ihnen leichtfallen, denn hier brauchen Sie das Training wahrscheinlich am wenigsten. Gerade die Dinge, die uns etwas schwerfallen, sind die vorrangigen. *Etwas* schwerfallen ist der Schlüssel. Machen Sie nicht den Fehler, den man bei zu ehrgeizigen Männern im Fitnessstudio beobachten kann: Mit Selbstüberschätzung stolzieren sie durchs Studio, packen sich zu schwere Gewichte auf die Kraftmaschinen und brechen nach dreimaligem Stemmen zusammen.

Im Klartext: Steigern Sie Ihren individuellen Schwierigkeitsgrad angemessen. Weder Über- noch Unterforderung ist hilfreich. Fangen Sie mit den richtigen Gewichten an, ehe Sie sich auf Weltmeisterschaftsniveau steigern. Die richtigen Gewichte erkennen Sie an Ihrem Gefühl: Wenn Ihnen leicht mulmig ist, Sie sich die Aufgabe aber doch irgendwie zutrauen, dann liegen Sie ziemlich gut.

Eine kleine Anmerkung: Es macht übrigens gar nichts, wenn Ihnen manche Übungen am Anfang noch nicht so richtig Spaß machen sollten oder Ihnen nicht so leichtfallen. (Dazu sind sie ja auch gar nicht gedacht: Ein reines Vergnügungsprogramm ohne Herausforderung ist nämlich nicht unbedingt zum Lernen geeignet.)

Vieles Neue ist zu Beginn eher ein bisschen unangenehm, sogar etwas beängstigend oder anstrengend. Wenn Sie im Sport mit einem Konditionstraining beginnen, macht es ja auch wahrlich keinen Spaß, sich keuchend und schwitzend und zudem beschämt ob der miserablen Verfassung durch die ersten Aerobicstunden zu quälen und mit Muskelkater nach Hause zu schleichen – aber je länger Sie dranbleiben und je fitter Sie werden, desto mehr werden Sie die Trainingsstunden genießen. Und wenn dann erst die körpereigenen Endorphine, die so genannten Glückshormone, ausgeschüttet werden, müssen Sie sogar aufpassen, nicht süchtig zu werden.

Konditionstraining und Handlungsstrategien

Ohne dauernde Selbstmotivation und positive Bestärkung fallen die besten Vorsätze in sich zusammen. Ein wichtiger Aspekt bei der Entwicklung der inneren Stärke ist daher die Fähigkeit, wie ein Stehaufmännchen zu agieren: auch bei Misserfolgen immer wieder neuen Mut schöpfen und weitermachen. Auch in frustrierenden Situationen beharrlich sein Ziel ansteuern. Nicht in Selbstmitleid versinken und aufgeben. Die harte Schule nutzt dazu die Peitsche – allerdings hat sich herausgestellt, dass der überwältigende Teil der Menschheit auf Zuckerbrot viel besser anspricht. Werfen Sie also die Peitsche weg, und greifen Sie lieber zu den süßen Sachen!

Stoppen Sie Ihren inneren Kritiker Jeder hat einen inneren Nörgler – dazu muss man nicht schizophren sein. Man ist sich dessen oft nicht bewusst und wundert sich, warum man häufig so mutlos und frustriert ist. Fast jeder Mensch redet quasi ununterbrochen mit sich selbst und kommentiert das, was er gerade tut oder erlebt – und das meist nicht besonders freundlich:

»Das kriegst du nie hin.«, »Du dumme Kuh!«, »Wie kann man nur so blöd sein?«, »Wieder mal typisch.«, »Bei dir sind Hopfen und Malz verloren.«.

Solche destruktiven und Angst erzeugenden Kommentare müssen wir uns von uns selbst viel zu oft anhören. Höchste Zeit, diesem inneren Saboteur den Mund zu stopfen. So geht's: Hören Sie Ihrer Nörgelstimme ein paar Tage lang aufmerksam zu, und führen Sie Protokoll über all ihre destruktiven Bemerkungen. In welcher Situation meldet sie sich? Wann startet ihre überzogene und destruktive Selbstkritik? Notieren Sie die Situationen und die Auslöser, damit Sie immer früher erkennen, wann Sie anfangen, sich selbst herunterzumachen und zu entmutigen. Sobald Sie merken, dass die Stimme wieder loslegen will, sagen Sie *Stopp*. Die Technik des Gedankenstopps kennen Sie ja schon vom emotionalen Karussell. Sie können Sie noch verstärken: Suchen Sie sich einen positiven Satz, den Sie Ihrem inneren Kritiker sofort energisch entgegenschmettern können:

»Nobody is perfect.«, »Aus Fehlern lerne ich.«, »Ich schaffe das schon.«, »Na und?«.

Sie werden feststellen: Je besser Sie die Auslöser kennen, desto früher können Sie sie stoppen. Am Ende wird dieser Stopp automatisch funktionieren.

Führen Sie ein Erfolgstagebuch Notieren Sie täglich, was Ihnen heute gelungen ist. Alles zählt, auch Kleinigkeiten, die Ihnen als Leistung gar nicht mehr bewusst sind. Halten Sie nichts für selbstverständlich: Auch hinter der routinierten Ausführung von Alltagsaufgaben stecken Fähigkeiten, die Sie erst entwickeln mussten, und die nicht jeder automatisch hat. Schreiben Sie jeweils dazu, welche Ihrer Fähigkeiten Sie eingesetzt haben:

»Ich habe eine tolle Präsentation erstellt. Die eingesetzten

Fähigkeiten waren meine hervorragenden Kenntnisse des Programms, Arbeitseffizienz, Kreativität und Hartnäckigkeit.«

Stellen Sie sich dann vor einen Spiegel, und lesen Sie sich Ihre Einträge laut vor. Vielleicht ist es ungewohnt für Sie, so ungeschminkt etwas Positives über sich zu sagen – aber da müssen Sie durch. Nachdem Sie sich ein paar Mal Ihre Erfolge geschildert haben, schnappen Sie sich eine Freundin oder Kollegin. Erzählen Sie ihr von Ihren Leistungen. Sie sollen dabei nicht prahlen und übertreiben, Sie sollen Ihren Erfolg lediglich so darstellen, wie er ist. Führen Sie diese Übung regelmäßig, am besten täglich durch, damit Sie sich daran gewöhnen, Ihre Leistungen als Motivationsfaktor wahrzunehmen und sie auch vor anderen nicht mehr zu verstecken.

Machen Sie sich und anderen Komplimente, und fordern Sie welche ein Wenn Sie der Meinung sind, dass Sie etwas gut hinbekommen haben, loben Sie sich – wann immer möglich laut –, und fragen Sie auch andere selbstbewusst, ob Sie das eben nicht klasse gemacht haben. Sollten Ihre Lieben die wunderbare Gemüsekreation kommentarlos in sich hineinstopfen, loben Sie sich eben selbst: »Ich muss schon sagen, das Rezept habe ich toll hingekriegt, findet ihr nicht auch?«

Wenn Sie ein Kompliment bekommen, spielen Sie Ihre Leistung nicht bescheiden herab: »Ach, das war doch nichts Besonderes. Das kann doch jeder. Ich hatte halt Glück. Reiner Zufall.« Sagen Sie stattdessen einfach: »Danke, das freut mich.«

Geizen Sie Ihrerseits ebenfalls nicht mit Komplimenten und ernst gemeinter Anerkennung. Sagen Sie anderen Menschen, wenn Ihnen etwas gut gefallen hat. Sie werden sehen, es wirkt Wunder auf Ihre Stimmung und die des anderen. Geben Sie einem Kellner nicht nur ein großzügiges Trinkgeld, geben Sie ihm auch verbal zu verstehen, wie sehr Sie seine freundliche und kompetente Art schätzen. Ernst gemeinte Anerkennung verleiht Flügel. Herumschleimen und Anbiedern selbstverständlich nicht.

Täglich eine gute Tat: Wie die alten Pfadfinder sollten Sie sich für den Anfang mindestens eine freundliche, anerkennende Bemerkung pro Tag vornehmen. Und zwar mehr als ein »Dankeschön«. So lange, bis es Ihnen zur angenehmen Gewohnheit geworden ist, auch gegenüber fremden Menschen unaufgefordert positive Rückmeldungen zu geben: der Verkäuferin, die Sie geduldig bedient hat; dem Zugschaffner, der Ihren Koffer in den Wagon geschleppt hat ... Viele Menschen werden erstaunt sein. Den wenigsten wird es missfallen, sondern ihnen ein nettes Lächeln ins Gesicht zaubern.

Belohnen Sie sich Erfolge und zielführendes Verhalten werden nicht nur durch anerkennende Worte, sondern auch durch Belohnungen verstärkt. Jeder Mensch tut lieber etwas, das angenehme Konsequenzen hat als etwas, das keine oder gar negative Folgen hat. »Was bringt es mir?« ist wohl eine der ältesten Fragen der Menschheit. Die Antwort darauf sollte möglichst positiv ausfallen. Listen Sie also auf, was Ihnen wirklich Freude machen würde – und was Sie sich nicht dauernd gönnen. Schreiben Sie diese kleinen und großen Belohnungen auf farbige Zettelchen, zum Beispiel Rot für die großen Extra-Zuckerl, Grün für die mittleren und Gelb für die kleinen Zusatzfreuden. Stecken Sie sie alle in eine hübsche Dose, und ziehen Sie je nach Anlass ein Belohnungslos heraus. Wenn Sie etwas wirklich Schwieriges bewältigt haben, einen roten Zettel und so weiter. Wie bei einer Tombola werden sie überrascht sein, welchen Volltreffer Sie dieses Mal gezogen haben – Nieten gibt es ja nicht. Wollen Sie das Überraschungsmoment noch verstärken, dann bitten Sie eine Freundin, Ihnen ein paar Belohnungszettel zu schreiben. Die so entstandene Spannung wird Sie noch mehr motivieren, eine bestimmte Sache anzugehen. Motiviert? Weiter geht's mit dem Training:

Körpersprache und selbstsicheres Auftreten

Monika war beim Werkstattmeister, hat all ihren Mut zusammengenommen und die Nachbesserung eingefordert – ein Triumph, auf den sie sehr stolz ist. Das mentale Training hat ihr dabei geholfen. Dennoch weiß sie, dass sie so etwas in Zukunft besser machen könnte. Sie lässt die Szene noch einmal Revue passieren: Sie war nervös, als sie die Werkstatt betrat, und das hat man ihr wohl auch angesehen. Verbal hat sie ihre Forderung eindeutig und verständlich angebracht, doch ihre Körpersprache passte noch nicht ganz dazu. Sie hat das Bild gut vor Augen:

Sie betritt die Werkstatt mit zögerndem Schritt, etwas in sich zusammengesunken, den Kopf schief gelegt, ein verlegenes Lächeln auf den Lippen. Sie hält sich krampfhaft an ihrer Handtasche fest. Als sie ihr Anliegen vorbringt, klingt ihre Stimme piepsig und dünn. Sie spricht hastig und nuschelt etwas. Der Mechaniker antwortet ziemlich arrogant, und Monika beginnt, an ihrem Ring herumzufingern. Sie nickt zustimmend – wie sie es so oft automatisch tut –, und ihr Blick schweift unruhig umher. Hauptsache, sie muss ihn nicht auch noch anschauen. Sie spricht mehr zu ihrer Handtasche als zu ihrem unsympathischen Gegenüber. Kein Wunder, dass sie mehrere Anläufe brauchte, um ihn zu überzeugen, dass sie es ernst meinte. Sie wünschte wirklich, sie wäre dem Handwerker auch äußerlich mit mehr Selbstsicherheit entgegengetreten.

Die Überwindung der Unsicherheit

Wie kann man durch Körpersprache nach außen hin demonstrieren, dass man innerlich stark und selbstsicher ist?

Haltung bewahren Wer aufrecht und symmetrisch steht oder sitzt, die Schultern und den Rücken gerade macht, das Gewicht gleichmäßig verteilt und sich locker und entspannt hält, signalisiert Stärke. Negativbeispiele: ineinander verknotete Beine, die sich um die Stuhlbeine ranken und mit ihnen verwachsen. Wackliges Balancieren von einem Fuß auf den anderen, womöglich noch in nicht standfesten Highheels, häufiger Stellungswechsel wie eine hypernervöse Ballerina. All das erweckt eher den Eindruck von Unsicherheit. Auch Hals und Kopf sollten gerade gehalten werden, nicht in der Vögelchen-Haltung, die Schwachheit und Unterwerfung symbolisiert. Damit demonstriert man seinem Gegenüber: »Tu mir nichts, ich bin ganz lieb.«

Hände aufräumen Diese Körperteile haben leider die unangenehme Tendenz, sich in Momenten der Aufregung oder Versunkenheit völlig selbstständig zu machen und unsinnige Dinge zu tun: Sie stecken einem einen Kugelschreiber in den Mund, reißen ein Tempotaschentuch in kleine Fitzelchen, zupfen an einer Haarsträhne. Soll man sich etwa daraufsetzen, sie in die Hosentasche stopfen, sie hinter dem Rücken verstecken? Am besten sind die Hände aufgehoben, wenn sie Worte mit natürlichen Gesten unterstreichen. Ansonsten: die Arme locker entspannt im Schoß oder auf der Tischplatte ruhen lassen oder im Stehen leicht anwinkeln. Kleiner Trick: Damit die Hände nicht unbeschäftigt sind, kann man ihnen etwas Ungefährliches zum Festhalten geben – ein Notizbuch beispielsweise.

Blickkontakt halten Menschen, die den Blickkontakt verweigern und einem nicht in die Augen sehen können, machen einen unsicheren, schlimmstenfalls verschlagenen Eindruck. Man könnte auch meinen, sie wären uninteressiert oder gelangweilt. Ein offener, direkter Blick mit angemessenen Unterbrechungen ist ideal. Aber auch nicht zu direkt, sonst bekommt der Gesprächspartner das Gefühl, dass man ihn hypnotisieren möchte.

Auf Abstand gehen Das ist nicht nur beim Autofahren wichtig. Es ist unangenehm, wenn Kollegen oder Menschen, die einem nicht sonderlich vertraut sind, zu nah auf die Pelle rücken. Wenn man sich frontal gegenübersteht, gilt die Faustformel: mindestens eine oder anderthalb Armlängen Abstand halten. Ein Unterschreiten dieser Distanz wirkt auf die meisten Menschen unangenehm. Wenn man ohne direkten Blickkontakt nebeneinandersteht oder -sitzt (Kino, U-Bahn), wird weniger Distanz häufig als nicht so störend empfunden.

Selbstsicher sprechen Wer eher eine Nuance lauter als eine zu leise spricht, die Wörter deutlich artikuliert, dabei ruhig atmet, signalisiert Souveränität. Wer nervös, ängstlich oder unsicher ist, neigt zu flacher, hektischer Atmung. Das macht das Stimmchen piepsig oder schrill. Damit die Stimme ihre volle Kraft entfalten kann, sollte man sich um eine tiefe, regelmäßige Atmung bemühen.

Übungen für den überzeugenden Auftritt

Hier kommen noch ein paar Trainingseinheiten für die souveräne Außenwirkung:

Körperhaltung Stellen Sie sich vor einen Ganzkörperspiegel und überprüfen Sie, welche Haltung Sie einnehmen. Sollten Sie einem Fragezeichen ähneln, richten Sie Ihr Rückgrat auf, nehmen die Schultern zurück und heben das Kinn, bis Ihre Silhouette einem Ausrufezeichen entspricht. Stellen Sie sich dabei vor, Sie hätten an Schultern und Kopf jeweils ein Gummiband, das an der Decke befestigt ist und das Ihnen mit leichter Spannung hilft, die aufrechte Haltung beizubehalten. Gehen Sie ein paar Schritte hin und her und beobachten Sie Ihren Gang. Gehen Sie aufrecht und energiegeladen? Denken Sie weiterhin an die Gummibänder und tun Sie so, als wären Sie die Königin von Saba, die in einem prachtvollen Gewand das Spalier ihrer Höflinge abschreitet. Auch ein guter alter Trick für einen aufrechten, schönen Gang: das Balancieren eines Telefonbuchs auf dem Kopf.

Hände und Arme Stellen Sie sich wieder vor den großen Spiegel und erzählen Sie sich selbst eine spannende Geschichte über einen Ihrer Erfolge. Beobachten Sie dabei Ihre Gestik, unterstreichen Sie Ihre Worte angemessen mit den Händen. Wenn Ihre Gesten anfänglich klein und raumsparend ausfallen, probieren Sie großzügigere Bewegungen – der Raum gehört Ihnen und steht Ihnen zu. Die meisten Frauen sind auch in ihrer Gestik zu bescheiden – und werden prompt nicht ernst genommen.

Atmung Stellen Sie sich aufrecht hin, grätschen Sie die Beine ein wenig und strecken Sie Ihre Arme waagerecht zur Seite. Atmen Sie nun so tief ein, dass sich Ihr Bauch vorwölbt. Atmen Sie langsam aus, beugen sich dabei nach vorne und überkreuzen zunehmend die Arme, bis Sie sich am Ende des Ausatmens selbst umarmen und den Rest der Luft aus sich herauspressen. Richten Sie sich wieder auf, und strecken Sie die Arme erneut seitlich weg. Nun drehen Sie die Handflächen nach oben, atmen Sie tief ein und heben dabei die Arme gestreckt über den Kopf, bis sich die Handflächen berühren. Stellen Sie sich im letzten Moment des Einatmens auf die Zehenspitzen, recken Sie den ganzen Körper, und halten Sie kurz die Luft an. Atmen Sie aus und beugen sich dabei wieder nach vorne und überkreuzen die Arme. Wiederholen Sie die Übungen, und spüren Sie nach und nach, wie sich Ihr Rumpf weitet und entspannt und Sie ruhig und gelassen werden. Atmen Sie ohne die Bewegungen noch einige Minuten bewusst weiter. Die Schultern bleiben ruhig, nur Bauch und Taille sind in Bewegung.

Wichtig ist, in drei Phasen zu atmen: einatmen, kurz anhalten, ausatmen. Das verhindert zu schnelle, zu flache Atemzüge. In einer aufregenden Situation reicht es meist aus, immer wieder ein paar Atemzüge in dieser so genannten Vollatmung zu nehmen und ansonsten seiner natürlichen Atmung zu folgen. Wenn Sie vor einer kniffligen Situation stehen und etwas verkrampft sind, empfiehlt es sich, diese Atemübung ganz gezielt einige Minuten zur Entspannung zu machen.

Stimmtraining Schnappen Sie sich einen Korken, stecken Sie ihn sich zwischen die Zähne, und erzählen Sie sich wieder Ihre spannende Erfolgsgeschichte – laut und deutlich. Um trotz Korken glasklar zu sprechen, müssen Sie erheblich langsamer als sonst reden. Wenn Sie ein paar Minuten mit Korken gesprochen haben, lassen Sie sich überraschen: Nach dem Herausnehmen ist Ihre Aussprache klarer, Ihre Sprechmuskulatur entspannter und Ihre Stimme voller geworden. Wiederholen Sie diese Übung so oft wie möglich.

Auch ein schönes Fitnesstraining für die Stimme: Singen Sie das Kinderlied »Drei Chinesen mit dem Kontrabass« mit den dunklen Vokalen a, o und u, und stellen Sie sich dabei vor, Sie hätten eine heiße Kartoffel im Mund, die sie zum Schutz vor Verbrennungen hin und her wälzen müssen. (Falls Sie dieses Lied nicht kennen, erfinden Sie einfach irgendwelche anderen Unsinnstexte, die hauptsächlich diese Vokale enthalten.) Die dunklen Vokale und die vorgestellte Kartoffel öffnen den Mundraum und lassen so Ihre Stimme voller, tiefer und weicher klingen, sodass das piepsige, dünne Stimmchen der Unsicherheit der Vergangenheit angehört. Überhaupt sollte Ihnen hemmungsloses Singen zur lieben Gewohnheit werden. Singen Sie, wo Sie gehen und stehen: Es macht gute Laune und ist ein exzellentes Sprech- und Atemtraining.

Klartext reden und eigene Vorstellungen einfordern

Monika fühlt sich durch diese Übungen stärker und souveräner als bisher. Sie ist aber noch immer nicht zufrieden mit der Vorstellung, die sie in der Werkstatt gegeben hat. Es ist ein komisches Gefühl zurückgeblieben – was in erster Linie mit der Gesprächsführung zusammenhängt. Auch hier möchte Monika dringend Ansatzpunkte zur Weiterentwicklung finden. Sie erinnert sich zurück und überlegt, wie die Dialoge zwischen ihr und dem Werkstattmeister Herrn Riedel abgelaufen sind:

Herr Riedel begrüßt Monika, wobei er sie mit einem anzüglichen Grinsen von Kopf bis Fuß mustert. »Herr Riedel, Sie haben ja gerade an meinem Auto eine komplette Wartung gemacht.

Seitdem leuchtet allerdings die Ölwarnlampe ständig auf. Meinen Sie, das könnte man wohl eventuell wieder irgendwie in Ordnung bringen?«, fragt Monika und lächelt sehr verbindlich.

»Da zerbrechen Sie sich mal nicht Ihr hübsches Köpfchen. Das hat gar nichts zu bedeuten, glauben Sie mir«, entgegnet er gönnerhaft und wendet sich schon halb zur Seite. Monika schluckt und wiederholt ihre Forderung, wobei sie wie gebannt auf ihre Handtasche starrt: »Ich glaube, es wäre mir trotzdem ganz lieb, wenn Sie das Lämpchen vielleicht doch noch einmal anschauen würden, wenn es gerade geht. Irgendwie irritiert es mich, wenn es dauernd leuchtet.«

Entnervt dreht sich Herr Riedel zu ihr um, stemmt die Hände in die Hüften und poltert ungeduldig: »Wie gesagt, das hat nichts zu bedeuten. Bei Ihrer nächsten Wartung sehe ich dann meinetwegen nach dieser dummen Lampe. Setzen Sie sich jetzt brav in Ihr Auto und fahren wieder schön heim. Ich habe viel zu tun, wie Sie sehen. Einen schönen Tag noch.«

Natürlich kocht in Monika die Wut hoch. Wie redet dieser Kerl mit mir? »Man hat mir gesagt, dass man den Ölstand immer gut im Auge behalten soll, damit der Motor keinen Schaden nimmt. Deshalb wäre es mir wirklich ziemlich lieb, wenn Sie das freundlicherweise wieder in Ordnung bringen könnten.« Ganz schön mutig für ihre Verhältnisse.

Auch Herr Riedel ist jetzt stinksauer. Er kommt bedrohlich nah auf Monika zu. »Ich glaube nicht, dass Technikverstand zu Ihren Hauptstärken gehört. Oder können Sie mir erklären, wie ein Motor funktioniert? Schließen wir dieses unnötige Gespräch doch endlich ab!«

Jetzt ist Monika eingeschüchtert. Sie hat in der Tat wenig Ahnung von der Technik. Das Gespräch geht noch eine Weile auf diesem unbefriedigenden Niveau weiter; der Ton wird immer schärfer. Doch irgendwann rafft Monika ihre letzten Mutreserven zusammen: »Egal, ob es gefährlich ist oder nicht, Herr Riedel, ich hätte das Lämpchen gerne wieder in Ordnung gebracht.«

Unter Schimpfen ruft der Meister schließlich nach seinem unglückseligen Gesellen, der die Sache unter die Lupe nimmt und repariert. Monika ist klar, dass sie sich eine neue Werkstatt suchen wird. Sie ärgert sich, dass sie schon mehrfach dort gewesen ist – obwohl dieser Typ so anmaßend und schmierig ist. Schließlich ist sie Kundin und bezahlt für seine Dienstleistung. Da hat sie sich wirklich zu klein gemacht. Doch die Zeiten sind jetzt vorbei.

Oberste Maxime: sagen, was man will

Was Gesprächsführung und Argumentationstaktik anbelangt, gibt es für Monika noch einiges zu lernen.

Haben Sie eine klare Forderung, einen Wunsch vor Augen

Sie sollten genau wissen, was Sie wollen. Klingt trivial, aber viele Menschen wissen in der Tat nicht, was sie wollen und eiern dann mit vagen Aussagen herum: »Das muss irgendwie besser werden.«, »Du könntest vielleicht ein wenig ordentlicher sein.«, »Kann man das nicht noch ändern?«

Bei solchen Aussagen werden Ihre Forderungen oder Wünsche sehr wahrscheinlich abgeschmettert. Sie dürfen sich nicht wundern, wenn der eine oder andere Sie verständnislos ansieht und mit den Schultern zuckt. Wenn Sie noch nicht einmal wissen, was genau Sie wollen, wie soll es dann ein anderer wissen? Telepathen sind dünn gesät. Investieren Sie ein wenig Gehirnschmalz und formulieren Sie vor einem Gespräch konkret, was Sie sich wünschen oder fordern.

Das hat Monika schon mal gut gemacht: Sie wollte einfach, dass das Öllämpchen repariert wird.

Sagen Sie, was Sie wollen – nicht, was Sie nicht wollen Stellen Sie sich vor, Sie erwischen endlich ein Taxi und sagen dem Fahrer: »Fahren Sie sofort los, ich habe es sehr eilig. Fahren Sie keinesfalls zum Bahnhof, aber dalli, worauf warten Sie noch?« Schön blöd, seine Forderungen und Wünsche negativ zu formulieren. Zu wissen, was man nicht will, heißt noch lange nicht, zu wissen, was man will.

Es mag Ihnen klar sein, dass Sie mit Ihrer Kollegin so auf keinen Fall weiterarbeiten können – aber was wollen Sie stattdessen? Soll die Schnepfe kündigen und sicherheitshalber schon mal Sozialhilfe beantragen? Oder reicht es, wenn sie aufhört, in Ihren Unterlagen zu schnüffeln und ungeliebte Tätigkeiten auf Sie abzuschieben, und sie stattdessen ihren Anteil daran selbst erledigt? Eben. Anderes Beispiel: Sie wünschen sich, dass Ihr Mann Sie nicht mehr so vernachlässigt. Wollen Sie, dass er Sie ab sofort ganztägig umsorgt? Soll er Ihnen täglich einen Strauß roter Rosen mitbringen? Oder reicht es, wenn er zweimal wöchentlich eine Stunde früher aus dem Büro nach Hause kommt? Da die Alternativen zu etwas, das Sie nicht mehr wollen, vielfältig sind, müssen Sie sich schon konkret überlegen, was es genau sein soll.

Auch das hat Monika sehr gut beachtet: Sie hat positiv formuliert, was sie will.

Benutzen Sie deutliche Formulierungen ohne Weichmacher
Machen Sie es sich und Ihrem Gesprächspartner leichter, indem Sie klipp und klar aussprechen, was Sie wünschen oder fordern. So genannte Weichmacher oder das Durch-die-Blume-Sagen erschweren das Verständnis Ihrer Aussage. Weichmacher sind alle Formulierungen, die die Klarheit, Deutlichkeit und Entschiedenheit einer Aussage verwässern, relativieren und abschwächen: Wörter wie vielleicht, eventuell, eigentlich, irgendwie, ziemlich oder möglicherweise gehören auf die Tabuliste. Das gilt auch für im Konjunktiv formulierte Phrasen:

»Könnten Sie unter Umständen eventuell darüber nachdenken, ob ...« oder »Wäre es nicht nett, wenn ...« oder »Mir wäre es vielleicht doch lieber, dass ...« oder »Man könnte ja möglicherweise ...«.

Auch versteckte Aufforderungen verwirren nur. Sie können Beziehungen und die Kommunikation beeinträchtigen und vergiften. Ihr chaotischer Kollege bringt immer die Ablage durcheinander? Wenn Sie nur seufzend sagen, Sie wünschten sich, dass sich hier jeder an die vorgegebene Ablagestruktur halten würde, wird er ihnen lächelnd beipflichten. Er wird es nicht auf sich beziehen und weitermachen wie bisher. Selbst Ihr Liebster, der eigentlich den Müll rausbringen sollte und es wieder nicht getan hat, wird bei einer beiläufigen Bemerkung wie dieser höchstens freundlich nicken: »Der Müll müsste bis drei Uhr draußen sein.«

Sagen Sie klar erkennbar im Indikativ, was Sie erwarten – und zwar in einem freundlichen, aber energischen Ton:

»Bitte sortieren Sie die Akten ordentlich wieder ein. Danke.« und »Schatz, bitte stell eben den Müll vor die Tür. Danke.« Auch wenn Sie das mit einem netten Lächeln sagen, wird so dennoch deutlich, dass Sie es genauso meinen, wie Sie es gesagt haben.

Leider muss Monika feststellen, dass ihr Gespräch mit dem Werkstatt-Rambo unter anderem deshalb so unerfreulich war, weil sie viele Weichmacher benutzt hat. Gerade bei unwirschen Menschen ist es notwendig, von Anfang an deutlich zu sagen, was man will.

Lassen Sie unnötige Entschuldigungen und Begründungen weg – ignorieren Sie ablenkende Gegenargumente Sie müssen sich nicht entschuldigen, wenn Sie eine berechtigte Forderung anbringen: Wenn der Mechaniker gepfuscht hat, hat er gepfuscht, und Sie haben das Recht, eine Nachbesserung zu verlangen. Und zwar ohne untertänige Entschuldigung. Wenn Sie sich in so einem Fall wie diesem entschuldigen, nimmt der andere das meist als folgendes Signal auf: Sie haben ein schlechtes Gewissen und stehen nicht richtig hinter Ihrem Ansinnen. Warum sollte er dann Ihrer Forderung nachgeben?

Klartext reden und eigene Vorstellungen einfordern

Sie müssen auch nicht begründen, warum Sie sich etwas wünschen – es reicht, dass Sie es möchten. Wenn Sie eine Urlaubsfahrt an den Nordpol machen möchten, dann möchten Sie eben eine Urlaubsfahrt an den Nordpol machen, Punkt. Sie haben ein Recht darauf, sich etwas zu wünschen. Einfach so, ob es logisch ist oder nicht. Egal, ob Sie früher flammende Reden gegen einen Urlaub im Norden gehalten haben und sich nun widersprechen – Sie sind halt lernfähig. Egal, ob es woanders billiger ist – Ihr Wunsch genügt. Wünsche sind einfach Wünsche und müssen mit stringenter Logik nichts zu tun haben. Forderungen hingegen sehr wohl: Sie können natürlich nur etwas ernsthaft fordern und die Erfüllung durchdrücken, wenn Sie einen Anspruch darauf haben, den Ihr Gegenüber nachvollziehen kann. Und ob Sie für Ihren teuren Nordpolurlaub fünf Jahre lang auf neue Schuhe verzichten, ist allein Ihre Entscheidung. Solange Sie die Verwirklichung Ihres Wunsches nicht unfair auf Kosten anderer verfolgen, haben Sie absolute Wunschfreiheit.

Ihr Gesprächspartner hat natürlich genauso jederzeit das Recht, Ihren Wunsch ohne Begründung abzulehnen. Auch da reicht es, dass er einfach nicht will. Er muss ja nicht mit an den Nordpol. Aber Achtung: Die Möglichkeit, dass Ihr Gegenüber womöglich den Wunsch ablehnen könnte, ist überhaupt kein Grund, ihn gar nicht erst zu äußern. Probieren sollten Sie es allemal.

Natürlich können Sie Ihren Wunsch begründen, damit Ihr Gesprächspartner besser versteht, warum er Ihnen so wichtig ist. Sie sollten sich aber keinesfalls darauf einlassen, dass Ihr Gegenüber Ihre Begründungen in der Luft zerpflückt und Ihnen klarmachen will, dass Ihr Wunsch völlig unsinnig ist: Es ist doch viel zu kalt am Nordpol; hungrige Eisbären sind gefährlich und springen einen hinterrücks von einer Eisscholle an … Hören Sie sich den Bedenkenträger an, versuchen Sie aber nicht, nun Ihrerseits seine Argumente zu zerpflücken. Das führt nur zu einer frustrierenden »Ja-aber-Pingpong-Kommunikation«. Sagen Sie schlicht, dass man das sicher so sehen könnte, aber bleiben Sie bloß bei Ihrem Wunsch.

Auch hier sieht Monika noch Verbesserungspotenzial. Sie hat tatsächlich die Tendenz, sich zu oft zu entschuldigen. Das Argument, dass sie von Autos nichts versteht, hätte sie ignorieren sollen: Sie muss gar keinen technischen Sachverstand haben – deshalb ist sie ja bei einem Kfz-Mechaniker. Sie ist von einer Warnlampe irritiert und der soll sich gefälligst drum kümmern.

Bleiben Sie beharrlich Da leider nicht jeder sofort strahlend das tut, was Sie sich so vorstellen, brauchen Sie unter Umständen Beharrlichkeit. Sollte also eine Vielzahl Gegenargumente, Entschuldigungen, Ausflüchte, langatmige Erklärungen und Einwände zum Repertoire Ihres Gegenübers gehören, wenden Sie einfach die Taktik der Wiederholungsschleifen an:

- Hören Sie freundlich dem Gegenargument zu: »Diese Ablagestruktur ist viel zu unübersichtlich. Ich habe einfach nicht die Zeit, mich damit zu beschäftigen.«
- Sagen Sie verständnisvoll, das könne man sicherlich so sehen. Stimmen Sie also grundsätzlich zu, dass das eine mögliche Betrachtungsweise ist: »Ja, ich kann gut nachvollziehen, dass Sie die Struktur unübersichtlich finden.«
- Wiederholen Sie nun einfach Ihren Wunsch oder Ihre Forderung – eventuell mit Begründung, muss aber nicht sein – so lange und so oft, bis der andere mit den Ausweichmanövern aufhört und das tut, was Sie gefordert haben: »Und ich möchte, dass Sie in Zukunft Ihre Papiere richtig einsortieren, da wir sonst alle viel Zeit verlieren. Danke.«

Auf diese Weise vermeiden Sie das unsinnige Hin und Her der Argumentation, welches außer Zeit- und Nervenraub nichts bringt. Zudem hat der andere Gelegenheit, seine Meinung äußern zu dürfen oder gar etwas Dampf ablassen zu können. So fühlt er sich wahrgenommen, und es fällt ihm leichter, sich Ihrer sanften, aber unerschütterlichen Hartnäckigkeit zu beugen. Sollte er ein wirklich überzeugendes Gegenargument bringen, dann suchen Sie gemeinsam nach einem akzeptablen Kompromiss.

Das Ziel dabei ist übrigens nicht zwingend, den anderen zu überzeugen, sondern das zu bekommen, was Ihnen zusteht. Der chaotische Kollege muss kein begeisterter Ablagefan werden. Er soll in Zukunft lediglich die Papiere ordentlich einsortieren. Für seine Gefühle ist jeder Mensch selbst verantwortlich – und wenn jemand sauer ist, dass er etwas tun oder lassen muss, was ihm nicht passt, dann ist er halt sauer. Schade, aber nicht zu ändern.

Hier ist Monika sehr zufrieden mit sich: Denn obwohl der Kfz-Fiesling unverschämt wurde, hat sie auf ihrer Forderung bestanden und auch bekommen, was sie wollte. Sie kam, sprach und siegte.

Stellen Sie Ihre Leistung auch als solche dar Dieser Punkt soll hier noch ergänzt werden – auch wenn er in Monikas Werkstattgespräch nicht zum Tragen kam. Er ist aber in vielen anderen Situationen des selbstbewussten Redens wichtig. Nehmen wir wieder Monika als (schlechtes) Beispiel: Ihre berufliche Leistung ist exzellent, aber sie wird nicht angemessen gewürdigt – sonst hätte ja sie und nicht Tina das neue Projekt bekommen. Das liegt unter anderem daran, dass Monika ihre eigene Leistung oft herunterspielt. Sie benutzt erschreckend viele Weichmacher; stellt ihre Erfolge als Glückstreffer dar und etikettiert ihre Ergebnisse nie mit positiven Wertungen. Sie sagt nicht: »Ich habe xy erreicht«, sondern: »Wir haben / unser Team hat …«. Wenn Sie Ihre Leistungen nicht selbst als Leistungen verinnerlicht haben, dann wird sie auch sonst kein Mensch würdigen.

Klartext reden und eigene Vorstellungen einfordern

Damit Ihre Erfolge anerkannt werden, sollten Sie selbstbewusst zu ihnen stehen und sie klar kommunizieren:

- Sprechen Sie in der Ich-Form. Keine Angst, Sie sollen nicht zum rücksichtslosen Einzelkämpfer werden, der sich mit fremden Federn schmückt. Es gibt aber beides: die Leistung des Teams und Ihre Leistung. Sie sollten in Zukunft beides ansprechen.
- Sagen Sie klar, ohne Weichmacher und mit positiver Wertung, was Ihnen gelungen ist: »Die Texte für die neue Kampagne stammen von mir und sind beim Kunden wunderbar angekommen. Im Team haben wir Text und dazugehörige Illustration dann perfekt aufeinander abgestimmt.«

Falls Sie diese Direktheit ungewohnt finden: Bedenken Sie, dass *Männer* selten anders über ihre eigenen Leistungen sprechen. Männern macht es gar nichts aus, selbstbewusst mitzuteilen, was ihnen im Job gelungen ist. Und da die Berufswelt immer noch stark männlich dominiert ist, muss man sich einigen herrschenden Regeln anpassen, wenn man als erfolgreich wahrgenommen werden möchte – ob es einem passt oder nicht.

Abgesehen von der Berufswelt hat jeder Mensch auch im Privatleben das Bedürfnis und das Recht darauf, dass seine Leistungen auch gewürdigt werden. Kinder tun das noch sehr unverfälscht, wenn sie einem vor Stolz platzend ihre tolle Zeichnung zeigen. Sie werfen sich in die Brust und erwarten Lob und Anerkennung. Die spätere Erziehung mit ihrem Bescheidenheitsdogma – besonders bei Mädchen – stutzt dann einiges wieder zurecht.

Falls Sie sich jetzt fragen, ob man denn überhaupt etwas vehement für sich fordern oder wünschen darf, ob man sich selbst so positiv darstellen darf, ob man dabei nicht zu egoistisch und unverschämt wirkt: Selbstverständlich dürfen Sie etwas fordern oder klar wünschen. Sie sollen sich sogar so unverfälscht darstellen, wie Sie sind – das ist weder egoistisch noch unverschämt. Jeder Mensch trägt die Verantwortung für sein Leben und sein Wohlergehen selbst. Jeder hat das Recht, zu fordern und zu wünschen, was er braucht – wenn es nach seinem Gewissen und den Regeln des Miteinanders keinem schadet und fair ist. Und bedenken Sie: Wenn Sie dieser Verantwortung nicht gerecht werden, ist das egoistischer, weil Sie dann die Sorge um Ihr Wohlergehen ungefragt anderen auflagen.

Fitnessübungen für eine klare Sprache und innere Unabhängigkeit

Zu dem wichtigen Thema »Sagen, was man will« kommen im Folgenden noch ein paar Fitnessübungen:

Sagen Sie »Ich will!« Streichen Sie Sätze wie »Ich hätte vielleicht gerne …« aus Ihrem Wortschatz. Üben Sie auch in Alltagssituationen mit Formulierungen wie: »Ich will … / ich will nicht …«, »Ich möchte … / ich möchte nicht …«, »Mir gefällt … / mir gefällt nicht …« und »Ich mag … / ich mag nicht …«. So gewöhnen Sie sich selbst und Ihre Umwelt daran, dass man von Ihnen klare Aussagen bekommt. Zeigen Sie Ihr individuelles Profil deutlich, und geben Sie anderen mehr Orientierung. Weichmacher ade.

Widersprechen Sie absichtlich Ihr Kollege sagt, er findet das neue Porschemodell blöd. Sagen Sie absichtlich: »Ich finde es klasse.« Trainieren Sie Ihre innere Stärke durch Widerspruch in kleinen Sachen und gewöhnen Sie sich an die überraschende Erkenntnis, dass die Welt nicht zusammenbricht, wenn Sie widersprechen. Auf diese Weise sind Sie auch für große Meinungsverschiedenheiten bestens gerüstet. (Selbst wenn Sie den Porsche ebenfalls blöd finden: So ein rhetorischer Standpunktwechsel trainiert die geistige Flexibilität und macht Sie fit für Diskussionen und Argumentationen, in denen Sie dann virtuos den Advocatus Diaboli spielen können.)

Erweisen Sie zwei Tage lang keine Gefälligkeiten Nein, Sie sollen nicht Ihre Schwester mit den vier kranken Kindern im Stich lassen. Auch die Freundin, die gerade in der beruflichen Krise steckt, kann weiterhin mit Ihnen rechnen. Wenn Sie aber der faule Kollege wieder um eine Gefälligkeit bittet, die er genauso gut selbst erledigen könnte, dann schlagen Sie sie ihm ab. Er fragt: »Kannst du heute länger bleiben und mein Telefon übernehmen, ich muss dringend weg?« (Sie wissen mittlerweile, dass seine dringende Verabredung donnerstags der Stammtisch ist.) Ihre Antwort: »So ein Pech, bei mir geht's heute auch nicht.« Klar wird er dumm gucken – na und? Wenn Ihnen das noch eine Stufe zu schwer erscheint: Erweisen Sie zumindest keine Gefälligkeiten dieser Art mehr ohne Gegenleistung. Fragen Sie

Ihren Kollegen, was er Ihnen im Gegenzug Gleichwertiges abnimmt. »Klar, mach ich gerne. Bleibst du dafür nächsten oder übernächsten Montag länger, da muss ich nämlich etwas erledigen? Danke.« Dadurch, dass Sie die Gegenleistung zeitlich flexibel einfordern, kann er diesen Gefallen nicht mit einer Ausrede ablehnen und sitzt in der Klemme.

Machen Sie kleine Reklamationen Natürlich nur dann, wenn es wirklich etwas zu reklamieren gibt, aber das ist ja oft genug der Fall. Ihr Hirschragout mit Spätzle kommt im Restaurant lauwarm auf den Tisch? Bitten Sie darum, dass man Ihnen eine heiße Portion bringt. Der Schuster hat den Absatz schludrig befestigt? Fordern Sie höflich, dass er das ausbessert. Die bestellten Bücher haben vom unsachgemäßen Transport kleine Dellen? Sagen Sie, dass Sie ein unbeschädigtes Exemplar wollen. Üben Sie auch an Kleinigkeiten, nicht mehr alles mit sich machen zu lassen. Sagen Sie klar, was Sie wollen. Es sollte Ihnen zur Gewohnheit werden, sich im Bedarfsfall – und wenn es Ihnen wichtig erscheint – zu wehren. Das heißt nicht, dass Sie zum Dauernörgler werden sollen. Wenn es für Sie erst einmal selbstverständlich geworden ist, sich gegen Benachteiligungen und Übergriffe zur Wehr zu setzen, können Sie jedes Mal selbst entscheiden, ob Sie großmütig über eine Kleinigkeit hinwegsehen. Das ist dann aber Ihre freie Entscheidung – und kein ängstliches Runterschlucken mehr.

Bitten Sie um etwas Gehen Sie in einen Laden, und bitten Sie darum, die Toilette benutzen zu dürfen – selbst wenn Sie wissen, dass es dort nur eine Mitarbeitertoilette gibt. Gehen Sie in Ihre Bankfiliale, und bitten Sie um Stift und Papier, ohne ein Bankgeschäft zu erledigen. Fragen Sie im Kaufhaus, ob Sie Ihre Einkaufstüte kurz an der Kasse deponieren können. Egal, ob man Ihre Bitte erfüllt, bedanken Sie sich höflich. Prinzip klar? Sie können um alles bitten, denn der andere hat ja das Recht, Ihnen problemlos Ihre Bitte abzuschlagen, wenn es ihm lästig oder unmöglich ist, sie zu erfüllen. Sie brauchen also nicht schon im Voraus ein schlechtes Gewissen zu haben. Sie können in Ruhe Ihre Fähigkeit trainieren, zu sagen, was Sie wollen.

Tun Sie etwas Ungewöhnliches Tragen Sie Ihr T-Shirt verkehrt herum oder auf links, ziehen Sie zwei verschiedene Socken an, schmücken Sie sich mit zwei unterschiedlichen Ohrringen. Benutzen Sie für das eine Auge blauen, für das andere grünen Lidschatten, singen Sie beim Radfahren lauthals vor sich hin, grüßen Sie Ihnen unbekannte Personen auf der Straße, fabrizieren Sie bunte Seifenblasen, während Sie an der Bushaltestelle warten. Gewöhnen Sie sich so daran, dass Sie sich gut und stark fühlen können, auch wenn manch einer Sie erstaunt, konsterniert oder lächelnd anschauen wird. Wichtig dabei ist, wie Sie etwas sehen und empfinden – unabhängig von der anerkennenden Reaktion der anderen. Schließlich tun Sie ja niemandem etwas an, sondern bringen allenfalls ein wenig Farbe in den Alltag.

Seien Sie begriffsstutzig Fragen Sie, was das Wort Konjunktur bedeutet. Lassen Sie sich den Gebrauch einer Computermaus erklären. Vermischen Sie Sprichwörter zu entzückenden

Wortkreationen: Da schlägt doch die Faust dem passenden Fass das Auge aus dem Boden! Verwechseln Sie absichtlich Fremdwörter: Ich habe über das neue Buch eine tolle Rezession gelesen. Fragen Sie im italienischen Restaurant, was Pasta ist, lassen Sie sich erläutern, was mit Traumfabrik Hollywood gemeint ist. Diese Übung müssen Sie ja nicht gerade kurz vor der nächsten Gehaltsverhandlung mit Ihrem Chef ausführen. Wählen Sie dafür lieber unbekannte Personen, deren Meinung Ihnen nicht so wichtig ist. Sich absichtlich begriffsstutzig zu stellen, hat den wirksamen Effekt, sich daran zu gewöhnen, dass die Anerkennung anderer nicht die Messlatte für die eigene Einschätzung ist. Sie wissen doch selbst am besten, was Sie wert sind. So können Sie sich von der Droge der zwanghaften Suche nach Anerkennung Schritt für Schritt entwöhnen.

Methoden der effizienten Selbstsabotage

Sollten Sie feststellen, dass die eine oder andere dieser Fitnessübungen für Ihre innere Stärke eigentlich hilfreich wäre, Sie sich aber immer wieder davor drücken sie auszuführen, dann gehen Sie der Ursache dafür unbedingt auf den Grund. Oft ist es Selbstsabotage, auf die wir hereinfallen. Vielleicht erkennen Sie sich hier wieder?

1. *Sie haben ein furchterregendes Horrorszenario im Kopf, das in diesem Universum zwar theoretisch möglich, aber doch unwahrscheinlich ist.* So glauben Sie, wenn Sie Ihrem geschmacklosen Kol-

legen einmal nicht zustimmen, dass der neueste Actionfilm wahnsinnig toll ist, dann sei auf immer und ewig das Arbeitsklima verdorben. *Gegengift*: Bedenken Sie auch mögliche positive Reaktionsmöglichkeiten auf eine Übung oder Verhaltensweise. Rechnen Sie lieber mit der wahrscheinlichsten, nicht mit der denkbar schlechtesten Variante. Trennen Sie den irrationalen Teil Ihrer Ängste von den tatsächlichen Risiken.

2. *Sie stellen sich unsinnige Folgen zu einer Übung vor, die weder wahrscheinlich noch realistisch sind.* So malen Sie sich aus, dass die Verkäuferin Sie bei einer Reklamation der gestern erworbenen Bluse, die eine aufgeplatzte Naht hat, des Diebstahls bezichtigen wird und der Hausdetektiv herbeieilt. Unangenehme Fragen, Polizei … Sie machen die Übung mit der Reklamation lieber nicht. *Gegengift*: Kommen Sie zurück auf den Boden der Tatsachen. Was Sie sich da vorstellen, wird nicht eintreffen.

3. *Sie übertreiben die Bedeutung der möglichen Folge einer Übung bis zum Exzess.* Es ist durchaus möglich, dass es dem Kollegen nicht gefällt, dass Sie wegen des Films anderer Meinung sind. Nun dramatisieren Sie die Bedeutung seiner Reaktion. *Gegengift*: Machen Sie sich klar, dass es selten weit reichende Folgen hat, wenn jemand einmal unzufrieden mit Ihrem Verhalten ist. Ja, es wäre schade, wenn er jetzt sauer wäre. Aber es ist grotesk, sich vorzustellen, dass er nie wieder ein Wort mit Ihnen spricht.

4. *Sie finden, dass diese Übung sowieso nichts bringt und bei Ihnen schon mal gar nicht …* Nun folgen 1000 Ausflüchte. *Gegengift*: Geben Sie doch einfach zu, dass Sie zu bequem sind und keine

Lust haben, sich einer anstrengenderen Übung zu unterziehen. Denn ob etwas bei Ihnen funktioniert oder nicht, können Sie erst mit Sicherheit sagen, wenn Sie es ausprobiert haben. Seien Sie also zumindest ehrlich zu sich selbst, wenn Sie einmal zu bequem sind, dann haben Sie wenigstens heroisch auf einen billigen Selbstbetrug verzichtet und können sich dafür loben.

5. *Sie lehnen eine Übung aus ideologischen Erwägungen ab – schließlich wollen Sie keine aggressive, ewig meckernde Zicke werden.* Von jemandem hie und da die Einhaltung der grundlegenden Höflichkeit einzufordern, bedeutet noch nicht, eine notorische Nörglerin zu sein. *Gegengift:* Machen Sie sich klar, dass Sie Aggressivität und Nörgelei mit gesunder Wehrhaftigkeit verwechseln. Aggressivität bedeutet unfreundliches oder feindseliges Verhalten gegenüber anderen. Selbstbehauptung durch den Einsatz innerer Stärke hingegen ist nichts anderes als ein Eintreten für die eigenen Belange, um seine Würde und Selbstachtung zu bewahren.

Sie merken schon, worauf das hier alles hinausläuft: Nun haben Sie keine Ausrede mehr, nicht ins Fitnessstudio für Ihre innere Stärke zu gehen. Im kommenden Kapitel beschäftigen wir uns mit einem der härtesten Brocken für die Freunde der immerwährenden Harmonie: mit dem schweren Wörtchen »Nein«.

8 Grenzen setzen: Die hohe Schule des Neinsagens

Sie bringen es einfach nicht fertig, jemandem etwas abzuschlagen, wenn er Sie nur freundlich oder mitleiderregend genug darum bittet? Und das, obwohl Sie längst gemerkt haben, dass es weder für Sie noch für Ihr Gegenüber gut ist, wenn Sie immer Ja sagen? Sie können halt nicht anders? Doch. Auch Sie schaffen es ab und an bestimmt, etwas abzulehnen und Nein zu sagen. Bevor Sie sich diese Fähigkeit pauschal absprechen, schauen Sie sich dieses Kapitel genau an.

Selbstanalyse der inneren Saboteure

Analysieren Sie Ihr Verhalten, und kommen Sie so den selbst gestellten Fallen auf die Spur. Starten Sie mit dem Aufspüren von inneren Hindernissen. Und beseitigen Sie diese Stück für Stück:

- Skizzieren Sie kurz die Situationen, in denen Sie gerne eine deutliche Grenze setzen und Nein sagen würden, es Ihnen aber schwerfällt oder nicht gelingt.
- Überprüfen Sie anhand der folgenden Liste *Harte Nüsse beim Grenzensetzen und Neinsagen*, welche selbst gemachten Hemmschuhe Sie daran hindern, Ihre innere Stärke zum Einsatz zu bringen und standhaft zu bleiben.
- Überprüfen Sie, ob Sie bestimmte Muster oder Häufungen entdecken können, und sehen Sie sich für jede dieser beson-

ders harten Nüsse die Lösungen zur Überwindung an. Wiederholen Sie die empfohlenen Übungen gegebenenfalls wieder und wieder.

Harte Nüsse beim Grenzensetzen und Neinsagen

1. Sie befolgen allgemeine implizite Regeln: man müsste, ich sollte, man darf doch nicht, jeder hat heutzutage …
2. Sie akzeptieren fraglos die Erwartungen anderer – seien sie noch so überzogen.
3. Sie haben ein Rollenverständnis, das Ihnen ein Nein verbietet: als gute Mutter, Ehefrau, Geliebte oder Kollegin …
4. Sie sind unsicher über die möglichen Folgen Ihres Neins und sagen deshalb vorsichtshalber lieber Ja.
5. Sie haben Schwierigkeiten, einer bestimmten Person gegenüber Nein zu sagen: Ihrer Mutter, der Schwester, dem Chef oder Ihrer besten Freundin …
6. Ihr Helfersyndrom ist stark ausgeprägt.
7. Sie reagieren unbewusst auf einen bestimmten Auslöser, der Sie prompt umkippen lässt: Stirnrunzeln, laute Stimme oder tränenfeuchte Augen …
8. Es fällt Ihnen bei einem bestimmten Thema schwer, Nein zu sagen, weil es bei Ihnen starke Emotionen auslöst: Wenn Sie zum Beispiel jemand um Geld bittet – und Sie sich selbst vor Verarmung fürchten.
9. Sie können in bestimmten Situationen nicht Nein sagen: zu Weihnachten, wenn andere anwesend sind, wenn Sie es eilig

haben (ein Ja geht meistens schneller) oder wenn Sie gerade selbst von der Freundlichkeit und Hilfsbereitschaft anderer Menschen profitiert haben ...

10. Ihre Fähigkeit, Nein zu sagen, ist stark an Ihre innere Verfassung gekoppelt: Sie sind zu müde, zu glücklich, zu unsicher oder zu frustriert ...
11. Sie bekommen sofort ein schlechtes Gewissen, wenn Sie jemandem etwas abschlagen.
12. Sie haben ein überzogenes Verantwortungsgefühl und glauben, es sei Ihr Lebenszweck, alle Probleme dieser Welt zu lösen.
13. Sie sind der Überzeugung, Sie könnten ein Nein sowieso nie verständlich rüberbringen, sondern würden nur hilflos herumstammeln.
14. Sie haben Angst, Nein zu sagen, und befürchten: dass der andere sauer auf Sie wird und die Beziehung dauerhaft gestört ist, dass Ihr Chef Sie sofort rauswirft, dass Sie ein schlechtes Image bekommen, dass der andere aggressiv wird und Ihnen ein Veilchen verpasst ...
15. Der andere hat Ihnen einmal einen riesigen Gefallen getan oder etwas Tolles für Sie gemacht und fordert nun lebenslang eine Abgleichung dieser Schuld, ohne dass ein Ende absehbar wäre – und Sie sehen keinen Ausweg aus der Falle.
16. Sie sind auf einen manipulativen Trick hereingefallen.

Strategien zum Knacken

Das Tolle ist: Man kann all diese harten Nüsse knacken. Greifen Sie nun zu den verschiedenen Nussknackern:

Sie befolgen allgemeine implizite Regeln?

Eins steht fest: Sie *können nicht* oder *dürfen nicht* oder *müssen* oder *sollen* viel weniger, als Sie denken. Etliche dieser Ge- und Verbote dienen nämlich einfach nur der Faulheit und Bequemlichkeit anderer oder werden zum Profitmachen missbraucht. Manche sind auch antiquiert und mittlerweile völlig überholt. Sie wurden nur nie durch neue Einsichten ersetzt und führen deshalb weiterhin ihr Maulwurfsdasein. Gehen Sie all die Situationen, in denen Ihnen diese impliziten Regeln Fesseln anlegen, noch einmal durch, und schreiben Sie auf, welche Vorschriften Ihnen da durch den Kopf geistern. Sobald Sie sie identifiziert haben, rücken Sie ihnen mit ein paar gezielten Fragen zu Leibe.

Monika geht zum Beispiel immer und immer wieder der Gedanke durch den Kopf, dass eine gute Tochter ihrer Mutter nichts abschlagen sollte. Um diese stressige innere Vorschrift zu knacken, stellt sie sich folgende Fragen:

- Wer sagt das eigentlich? – Außer der Bibel und alten Benimmbüchern fällt mir natürlich meine Mutter ein. Die hat das wohl wiederum von ihren Eltern, die noch ein traditionelles Verständnis von Familie hatten. Oma hat das nämlich auch oft zu mir gesagt.

- Für wen gilt das? Wann gilt das? Gibt es Ausnahmen? – Das gilt wohl nur, wenn sie von mir nichts Überzogenes, Schädliches oder Überflüssiges verlangt und ich zudem auch Lust habe, meiner Mutter so einen Gefallen zu tun. Oder natürlich, wenn sie mich wirklich braucht und auf meine Unterstützung angewiesen ist. Schließlich liebe ich sie und will für sie da sein, wenn es nötig ist. Aber wenn ich an die überehrgeizigen Tennis- oder Eislaufmütter denke, die ihre Kinder regelrecht missbrauchen, weil sie kein Nein erdulden, kann diese Regel nicht kritiklos gelten.
- Wem nutzt das? – Natürlich den Müttern, auch wenn sie es angeblich zum Besten ihrer Kinder tun.
- Was würde passieren, wenn ich mich an die Regel hielte? Was, wenn nicht? – Wenn ich nie Nein zu ihr sagen würde, könnte ich mir ein modernes, selbstbestimmtes Leben abschminken. Ich käme nie vom Schürzenzipfel meiner überfürsorglichen Mutter los. Wenn ich ihr künftig das eine oder andere abschlage, wird sie am Anfang konsterniert und enttäuscht sein – aber das kann ich ihr leider nicht ersparen.
- Halte ich das für sinnvoll oder nicht? Was soll für mich gelten, damit ich für mein Leben die Verantwortung übernehme und meine Selbstachtung wahre? – Ich werde die Verantwortung übernehmen und im Einzelfall selbst entscheiden, ob ich einer Forderung oder Bitte meiner Mutter Folge leiste oder eine – wenn auch gut gemeinte – Einmischung dulde.

Die meisten der so hinterfragten Regeln, die Sie bisher gebremst haben, fallen wahrscheinlich in sich zusammen wie ein Kartenhaus. Selbstverständlich können Sie auch zu dem Schluss kommen, dass Sie Ihre identifizierte Regel akzeptieren – völlig in Ordnung. Nur wissen Sie in diesem Fall genau, dass Sie sich selbst gegen ein Nein entschieden haben. Die Konsequenzen dafür müssen Sie allerdings in Kauf nehmen. Und ein paar mögliche Ausnahmen sollten Sie sich im Sinne der Flexibilität immer vorbehalten.

Sie akzeptieren fraglos die Erwartungen anderer – seien sie noch so überzogen?

Ihre Mutter erwartet von Ihnen als brave, liebende Tochter, dass Sie spätestens jedes zweite Wochenende zum Essen kommen und sie während der Woche mehrmals anrufen. Tun Sie das nicht, ist sie wahnsinnig enttäuscht und fragt Sie mit weinerlicher Stimme, was sie denn bloß falsch gemacht habe. Sie hingegen meldet sich nie bei Ihnen, sondern geht davon aus, dass Sie von sich aus zum Hörer greifen.

Eine gute Freundin bittet, ja bedrängt Sie, ihr eine stattliche Summe Geld zu leihen, weil sie unbedingt in ein großartiges und lukratives Geschäft einsteigen möchte. Sicherheiten hat sie keine, die Bank hat einen Kredit abgelehnt – Sie sind ihre letzte Hoffnung.

Sie haben einen attraktiven Mann kennen gelernt und gehen bei Ihrer ersten Verabredung mit ihm zum Essen in ein teures französisches Restaurant. Der Herr war charmant und unterhaltsam und hat darauf bestanden, Sie einzuladen. Nun sind Sie in seinem Wagen auf dem Nachhauseweg, und er gibt Ihnen ziemlich deutlich zu verstehen, dass er erwartet, dass Sie unverzüglich mit ihm in das nächste erreichbare Bett hüpfen. Immerhin hat er gerade eine Menge Geld für Sie ausgegeben.

Ist das alles auch Ihre Meinung? Müssen Sie Ihre Mutter tatsächlich nach deren Regeln kontaktieren? Finden Sie wirklich, dass Sie von Ihrem sauer verdienten Geld jemandem etwas leihen müssen, der dieses in windige Projekte stecken will? Müssen Sie dem erotischen Ansinnen eines Mannes stattgeben, der ein Rendezvous ähnlich wie eine Börseninvestition betrachtet und nun eine üppige Rendite für sein gutes Recht hält?

Eben. Natürlich ist bei diesen Beispielen mehr oder weniger klar, dass jemand versucht, Sie auszunutzen. Auch Ihre Mama handelt nicht aus selbstloser Liebe zu Ihnen so, sondern um ihr eigenes übermäßiges Bedürfnis nach Ihrer Gesellschaft und Aufmerksamkeit zu befriedigen.

Erwarten kann man vieles. Das ist in Ordnung. Nur muss man immer damit rechnen, dass nicht alle Erwartungen erfüllt werden. Es bringen ja auch nicht alle Investitionen an der Börse die erwartete Rendite. Ehe also Sie auf Ihre Kosten Ja sagen, wenn Sie eigentlich Nein sagen möchten, fragen Sie sich, ob die Erwartungen angemessen sind. Wollen Sie ihnen wirklich gerecht werden?

Machen Sie in solchen Situationen einen »Fitness-Check« der jeweiligen Beziehung und der daraus abgeleiteten Erwartungen. Es gibt nämlich einige grundlegende Kriterien für gute und unterstützende Verbindungen zwischen erwachsenen Menschen.

Schritt 1 In welcher Beziehung stehen Sie zu der Person, die eine bestimmte Erwartung an Sie richtet? Welche Erwartungen hat sie an Sie – explizit und implizit?

Schritt 2 Überprüfen Sie, ob die Beziehung und die gegenseitigen Erwartungen den folgenden Fitness-Check bestehen. Es gibt in einer förderlichen Beziehung:

- ein ausgewogenes beidseitiges Geben und Nehmen;
- eine faire und aufrichtige Kommunikation ohne Manipulation;
- einen konstruktiven Umgang mit Kritik und Konflikten und keine emotionale Erpressung;
- gegenseitigen Respekt zur Wahrung der Selbstachtung;
- Verlässlichkeit und Loyalität, besonders in Notsituationen;
- ähnliche oder sich ergänzende Vorstellungen, Werte, Interessen und Ideen;
- ein ausgewogenes Erleben von Nähe und Distanz mit genug Freiraum.

Schritt 3 Lehnen Sie Forderungen ab, die eines oder mehrere dieser Kriterien verletzen.

In den Eingangsbeispielen haben die Erwartungen an Sie einige dieser Kriterien verletzt: Ihre Mama greift zur emotionalen Erpressung und sieht die Sache mit dem Freiraum deutlich anders. Ihre Freundin startet einen mehr oder weniger geschickten Manipulationsversuch. Ihre neue Bekanntschaft pfeift auf gegenseitigen Respekt. Zudem sind alle unausgewogen bezüglich Geben und Nehmen. Deshalb zeigen Sie innere Stärke und Respekt vor sich selbst und sagen Sie Nein.

Wenn es Ihnen sinnvoll und möglich erscheint, gestalten Sie die Beziehung dauerhaft um – und zwar durch offene Kommunikation. Mit Ihrer Mama und Ihrer Freundin werden Sie das sicher versuchen wollen. Bei dem Mann können Sie ja darüber nachdenken, ob er wirklich so interessant ist, dass sich das Engagement lohnt.

Sagen Sie klar, wie Ihre Erwartungen an die Beziehung aussehen, was Sie in Zukunft wollen, aber auch, was Sie nicht mehr wollen. Ihrer Mama könnten Sie das noch verständlich machen, aber was ist, wenn Ihr Vorgesetzter überzogene Erwartungen hat? Kann man da einfach Nein sagen? Und was ist, wenn die Freundin Ihnen wirklich die Freundschaft aufkündigt?

Nein zu egoistischen Forderungen

Tatsächlich stellen Vorgesetzte in wirtschaftlich schlechten Zeiten zunehmend größere Forderungen an ihre Mitarbeiter – und überspannen dabei den Bogen auch mal. Eine Patentlösung gibt es nicht: Wenn Sie glauben, Ihr Chef wirft Sie bei einer Weigerung raus und Sie werden in diesem Leben nie wieder einen Arbeitsplatz finden, werden Sie sicher zu größeren Zugeständnissen bereit sein, als wenn Sie von Headhuntern bis in den Golfklub verfolgt werden. Da es aber so schlimm meist nicht kommt – so einfach ist es nicht, einen Mitarbeiter loszuwerden –, müssen Sie sich auf ein Nein-Gespräch mit dem Chef einfach nur exzellent vorbereiten. Schauen Sie sich dazu noch einmal die Übungen aus

Kapitel 5 an. Aber auch im schlimmsten aller anzunehmenden Fälle gibt es eindeutige Grenzen: Sobald Sie spüren, dass Sie vor sich selbst keinen Respekt mehr haben, Ihre Selbstachtung und Ihr Selbstbewusstsein im Keller sind und Sie womöglich sogar krank werden, müssen Sie um Ihrer selbst willen die Notbremse ziehen, sich abgrenzen und Nein sagen. Sie allein sind verantwortlich für sich und Ihr Leben.

Und Ihre sogenannte Freundin? Natürlich haben Sie durch die Weigerung, ihr Geld zu leihen, nicht gleich die Beziehung abbrechen wollen. Sie haben es ihr genauestens erklärt, sie um Verständnis gebeten, ihr beteuert, dass Ihnen viel an ihr liegt. Sie haben Ihr Nein damit begründet, dass Sie Ihre Ersparnisse als Reserve für Ihr Alter brauchen. Alles nutzlos? Sie ist stinksauer auf Sie und will Sie nicht mehr sehen?

Wenn Sie solch eine Beziehung dem Fitnesstest unterwerfen, werden Sie schnell merken, dass es da mit echter Freundschaft nicht weit her ist. Die Dame scheint eine ausgewachsene Egoistin zu sein, der Ihre Gefühle und Ihr Wohlergehen herzlich egal sind. Hauptsache, sie bekommt, was sie will. Sie können grundsätzlich davon ausgehen, dass jemand, der mit allen Mitteln von Ihnen etwas verlangt, was Ihnen widerstrebt, in den seltensten Fällen Ihre Belange im Auge hat, sondern nur die seinen. Auch wenn die Pseudo-Freundin tatsächlich böse reagiert, Sie des Verrats bezichtigt, gar in Ihrem gemeinsamen Freundeskreis über Sie herzieht: Der Preis eines Ja ist dennoch zu hoch.

Denken Sie an Ihre Vision: Wer wollen Sie sein, mit wem wollen Sie Ihr weiteres Leben verbringen? Sie brauchen keine Schmarotzer, Vampire und Parasiten, die Sie langsam aussaugen. Sie brauchen echte Freundschaften, die Ihnen guttun und auf die Sie sich verlassen können. Also lassen Sie diese falsche Freundin ziehen.

Sie haben ein Rollenverständnis, das Ihnen ein Nein verbietet? Sollten Sie sich da etwa noch bei den eingangs zitierten Vorstellungen aus der britischen Zeitschrift von 1955 bewegen? Dann sollten Sie Ihre Haltung dringend hinterfragen ... Schauen Sie sich noch einmal den Prozess aus Punkt 2 dieser Liste an.

Sie sind unsicher über die möglichen Folgen Ihres Neins und sagen deshalb vorsichtshalber lieber Ja? Interessante Strategie – aber vielleicht sollten Sie sich ein etwas abgewandeltes altes Sprichwort wieder in Erinnerung rufen: *Probieren geht über halluzinieren.* Sie werden nie wissen, was bei einem Nein wirklich passiert, wenn Sie es nie ausprobieren – sondern sich von übersteigerten Ängsten davon abhalten lassen. Schauen Sie sich noch einmal in Kapitel 5 an, wie Sie Befürchtungen auf ihren Realismus hin abklopfen können. Und fragen Sie eine Person Ihres Vertrauens nach ihrer Meinung über die zu erwartenden Folgen. <u>Schlucken Sie dreimal, atmen Sie durch</u> und probieren Sie es aus.

Sie haben Schwierigkeiten, einer bestimmten Person gegenüber Nein zu sagen? Wahrscheinlich wirkt hier eine Kombination aus zwei Faktoren: Zum einen fallen Sie vielleicht immer wieder auf einen bestimmten Auslöser herein. Zum anderen haben Sie möglicherweise selbst ein zu einschränkendes Rollenverständnis dieser Person gegenüber. Benutzen Sie die Strategie aus dem folgenden Punkt 7, um Ihre Auslöser zu knacken, und rücken Sie mit dem Prozess aus Punkt 2 dieser Liste Ihrem Rollenverständnis zu Leibe.

Ihr Helfersyndrom ist stark ausgeprägt? Akzeptieren Sie die Grenzen Ihrer Kapazitäten. Immer und sofort jedem Ihre Hilfe zu versprechen, kann und wird in einem Desaster enden: Sie brechen früher oder später zusammen. Die anderen haben sich auf Sie verlassen und kommen in Schwierigkeiten, weil Sie wegen Überlastung Ihre zugesagte Unterstützung nicht leisten konnten. Sie haben sich durch zu großzügige Spenden finanziell ruiniert und liegen jetzt Ihrer Familie schwer auf der Tasche. Sie retten durch Ihr verzetteltes Dauerengagement weder die Wale noch den Regenwald. Entscheiden Sie bewusst, wann Sie Ihre Hilfe gewähren wollen und Ja sagen. Bleiben Sie dabei rea-

listisch und bedenken Sie die Auswirkungen einer Zusage. Setzen Sie Prioritäten gemäß Ihrer Lebensvision, und bleiben Sie bei den weniger wichtigen Ansinnen standhaft.

Sollten Sie dazu neigen, Ihre Hilfe ungefragt und unerbeten zu leisten, was in Notfällen natürlich in Ordnung ist, um Menschen gefällig zu sein, dann machen Sie sich bitte klar, dass bei Ihnen einige gravierende Denkfehler wirksam sind – auch wenn Ihre Absicht die allerbeste ist. Die andere Seite der Medaille ist nämlich gar nicht so nett, wie Sie vielleicht denken: Sie tun anderen oft gar keinen Gefallen, wenn Sie sich ohne Aufforderung in ihr Leben einmischen. Selbst wenn Ihre Nachbarin am Anfang erfreut gewesen ist, dass Sie Ihre Blumen im angrenzenden Vorgarten mitgegossen haben, wird sie es auf Dauer gar nicht gerne sehen, eine weitere Herrin in ihrem Garten dulden zu müssen. Sie wird Sie eher als Störenfried betrachten.

Wenn Sie ungebeten Hilfe leisten, tun Sie zudem so, als ob Sie Gedanken lesen könnten und am besten wüssten, was für den anderen gut ist. Dadurch erklären Sie ihm im Grunde genommen, dass er ein Depp ist, Sie ihm nichts Rechtes zutrauen und ihn nicht ernst nehmen. Zumindest geben Sie ihm damit zu verstehen, dass Sie sein Problem besser als er lösen können – sonst überließen Sie es ihm ja selbst, es zu bewältigen. Sie rauben dem anderen damit die Möglichkeit zu lernen, auf eigenen Füßen zu stehen. Rechnen Sie damit, dass Sie in den Augen mancher Mitmenschen nicht als Heilige, sondern als geltungssüchtige, machtgierige und unbeliebte Wichtigtuerin angesehen werden, wenn Sie sich dauernd ohne Aufforderung nützlich machen. Bedenken Sie, dass Sie damit genau das tun, was Sie bei sich auch nicht mehr dulden wollen. Sie überschreiten die Grenzen der Selbstbestimmung des anderen.

Natürlich sollen Sie nun nicht darauf verzichten, anderen eine überraschende Freude zu bereiten oder gefällig zu sein. Der feine Unterschied zwischen einer kleinen Aufmerksamkeit und ungebetener Hilfeleistung: Wenn Sie jemandem einen Strauß Blumen schenken, übernehmen Sie nicht an seiner statt die Verantwortung für seine Entscheidungen und Aufgaben. Und wenn Sie partout das Gefühl haben, dass jemand ohne Ihre Hilfe nicht klarkommt und vielleicht nur zu schüchtern ist, Sie darum zu bitten: Fragen Sie einfach, bevor Sie handeln. Damit lassen Sie dem anderen die Wahl, ob er Ja oder Nein sagen möchte ...

Sie reagieren unbewusst auf einen bestimmten Auslöser, der Sie prompt umkippen lässt? Knacken Sie die alten Auslöser! Probieren Sie als Erstes die effiziente Strategie des Ignorierens aus Kapitel 5. Die hilft in der überwiegenden Zahl der Fälle weiter. Sollte Ihr Auslöser hartnäckig widerstehen, so setzen Sie ihm noch ein bisschen mehr entgegen:

- Finden Sie den konkreten Auslöser genau heraus. Der erste Schritt ist der wichtigste und dankenswerterweise auch zügig erledigt: Identifizieren Sie den Auslöser ganz genau, indem Sie die unterschiedlichen Situationen akribisch untersuchen und nach Gemeinsamkeiten fahnden. Tränenfeuchte Augen sind recht offensichtlich. Vielleicht ist Ihr Auslöser aber auch etwas Subtileres: ein wehleidig-verzagter Tonfall, ein oberlehrerhafter Blick über die Brille, ein skeptisches Runzeln der

Stirn, eine spezielle Geste, die Sie als bedrohlich empfinden. Suchen Sie so lange, bis Sie genau wissen, was Sie so verhext, Ihre Standhaftigkeit schwinden lässt und Ihnen wie von Zauberhand ungewollt ein Ja über die Lippen treibt. Wenn Ihnen auch noch klar wird, in welcher Situation sich diese negative Verknüpfung gebildet hat, umso besser. Je mehr man über den Feind weiß, desto besser kann man ihn besiegen. Leidensgenossin Monika hatte bei dem Anruf ihrer Schwester Muriel, die sich ihr Auto leihen wollte, schnell gemerkt, dass es der jammernde Tonfall in deren Stimme war.

- Erdenken Sie einen Gegenzauber. Nun, da der Zauber zu mächtig war, um durch schlichtes Ignorieren gebrochen zu werden, brauchen Sie noch etwas mehr. Formulieren Sie für Ihren Auslöser eine spezielle Gegenformel, die ihn unwirksam macht: »<u>Tränen sind nur ein Ausdruck momentaner Gefühle</u>. Den Tonfall muss ich auch mal üben, wirklich gekonnt. Zu häufiges Runzeln erzeugt bloß Stirnfalten.« Was für ein Satz Sie auch immer unterstützt und Ihnen klarmacht, dass Ihre Reaktion nur auf eine Interpretation hin erfolgt, die Sie ändern können. Monika fand folgende Zauberformel hilfreich: <u>Gut gejammert ist noch längst nicht gewonnen, Mama!</u> Sie hilft ihr zu erkennen, dass sie etwas aus einer alten Situation überträgt. Sie hilft ihr, Distanz zu wahren und nicht sofort ein Ja zu schmettern.
- Nutzen Sie das mentale Training zur Verstärkung Ihrer Zauberformel (siehe Kapitel 6). Spielen Sie im Geiste die Situationen mehrere Male mit neuer Gelassenheit und Entzauberung durch. Bis Sie sich sicher fühlen.

Es fällt Ihnen bei einem bestimmten Thema schwer, Nein zu sagen, weil es bei Ihnen starke Emotionen auslöst? Das ist nachvollziehbar. Etwas, das man schon am eigenen Leib verspürt hat oder das man selber fürchtet, stößt natürlich auf offenere Ohren als ein Thema, das man emotional nicht so gut nachvollziehen kann. Trotzdem: Identifizieren Sie sich nicht zu sehr, sondern machen Sie sich klar, dass gerade nicht Ihnen passiert, was da passiert, sondern jemand anderem. Erinnern Sie sich, dass Ihre eigenen Belange auch noch existieren und es Ihre Aufgabe ist, diese ebenso zu berücksichtigen. Kommen Sie aus der zweiten Perspektive bewusst zurück in die erste, assoziierte, und nehmen Sie wieder wahr, was Sie gerade brauchen – oder was Sie noch verkraften können. So erkennen Sie, was Sie beitragen können und wo Ihre Grenzen liegen. Eine angemessene Hilfe, die Sie dauerhaft leisten können, ist sowieso wertvoller als eine Hauruckaktion, bei der dann auch noch Ihre ganzen Reserven mit aufgebraucht werden.

Sie können in bestimmten Situationen nicht Nein sagen? Wenn bestimmte Situationen als Auslöser fungieren, stecken meist wieder unbewusste Gebote oder Verbote dahinter: Zu Weihnachten wenigstens muss man doch …, was werden denn die anderen denken …, ich muss doch jetzt dankbar sein … und Ähnliches mehr. Rücken Sie diesen Vorschriften mit den Fragen aus Punkt 1 dieser Liste zu Leibe (Wer sagt das eigentlich? usw.).

Bei der Überlegung, dass ein Ja halt schneller geht, vergessen Sie leider, dass das kurzfristig vielleicht stimmen mag, die langfristigen Folgen aber viel mehr Zeit verschlingen, als Sie es sich leisten können. An der richtigen Stelle ein bisschen Zeit für ein Nein investiert, bewahrt Sie vor Zeit und Energie fressenden Folgen eines voreiligen, schnellen Ja.

Ihre Fähigkeit, Nein zu sagen, ist stark an Ihre innere Verfassung gekoppelt? Ganz einfach: Bremsen Sie sich selbst aus, und sagen Sie nichts – weder Ja noch Nein. Vertagen Sie Ihre Entscheidung – zumindest um ein paar Minuten, wenn es um etwas Eiliges geht. So viel Zeit ist immer. Egal, wie Sie gerade drauf sind, finden Sie in Ruhe und Gelassenheit heraus, was Sie wirklich wollen, was gut für Sie und was gut für den anderen ist.

Sie bekommen sofort ein schlechtes Gewissen, wenn Sie jemandem etwas abschlagen? Das schlechte Gewissen und die damit verbundenen Schuldgefühle – eine Geißel der Menschheit und das Lieblingsinstrument virtuoser Manipulationskünstler. Wie bequem und verführerisch es doch ist, wenn jemand so einen Knopf hat. Deaktivieren Sie ihn schleunigst, für Sie ist er nämlich gar nicht gut. Mehr zur konkreten Abwehr der manipulierten Schuldgefühle finden Sie in Kapitel 10. Wie Sie wissen, sind Schuldgefühle größtenteils anerzogen. Sie bekommen sie immer dann, wenn Sie gegen Ihre eigenen, unbewussten Normen verstoßen und Ihren eigenen Ansprüchen nicht gerecht werden. Manche dieser Normen sind sicherlich gut und richtig. Das schlechte Gewissen beim Verstoß gegen den Respekt anderen und ihrem Eigentum gegenüber ist ja durchaus angebracht. In anderen Situationen ist das schlechte Gewissen allerdings völlig überzogen.

Selbstanalyse der inneren Saboteure

Schlechtes Gewissen und Schuldgefühle ablegen
Betrachten Sie die Auslöser für Ihr schlechtes Gewissen genauer, und finden Sie heraus, welche Norm dahintersteht: Welche Erwartungen anderer oder Ihrer selbst wollen Sie erfüllen? Welches Rollenbild steckt dahinter, welche Ge- und Verbote geistern da herum? Sobald Sie Ihnen bewusst sind, greifen Sie wieder zum jeweils geeigneten Nussknacker der vorherigen Punkte dieser Liste. Bedenken Sie immer: Durch massive Schuldgefühle sind Sie auch noch kein besserer Mensch. Verwenden Sie die Energie, die Schuldgefühle fressen, lieber sinnvoll: entweder für Wiedergutmachung, falls Sie tatsächlich etwas Schlimmes getan haben, oder für Ihre persönliche Weiterentwicklung.

Sie haben ein überzogenes Verantwortungsgefühl und glauben, es sei Ihr Lebenszweck, alle Probleme dieser Welt zu lösen? Stoppen Sie Ihren Größenwahn. Die Welt ist jahrmillionenlang auch ohne Ihr Einwirken nicht untergegangen. Mag Ihr Gegenüber Sie auch noch so sehr bedrängen, Sie sind zuerst einmal dafür zuständig, Ihre eigenen Probleme zu lösen – nicht die der Welt oder die fauler Menschen. Sobald Sie wieder so einen Anfall verspüren, sich einen Auftrag aufhalsen zu lassen, der nicht in Ihrer Verantwortung liegt, prüfen Sie sofort: Wem gehört der Schuh? Fremde Schuhe passen selten und verursachen meistens Hühneraugen. Sagen Sie also Nein.

Sie sind der Überzeugung, Sie könnten ein Nein sowieso nie verständlich rüberbringen? Dem ist schnell abgeholfen: Im Anschluss hieran (Die Prinzipien des Neinsagens) lernen Sie wirksame Strategien kennen, wie Sie Ihr Nein klar und verständlich formulieren können.

Sie haben Angst, dass der andere sauer auf Sie wird? Stoppen Sie Ihre Horrorszenarien, und kommen Sie zurück in die Realität. Halten Sie das Gefühlskarussell an, und betrachten Sie Ihre Befürchtungen nüchtern und realistisch. Machen Sie sich noch einmal ausdrücklich klar: Statt Ihre Energie mit Ängsten aufzubrauchen, ist es viel sinnvoller, Sie in die Entwicklung von Strategien zur Schadensbegrenzung zu stecken. Die eine oder andere negative Folge Ihres Neins lässt sich vielleicht wirklich nicht immer vermeiden.

Der andere hat Ihnen einmal einen riesigen Gefallen getan? Was Sie nun brauchen, ist eine realistische Bilanz. Werden Sie zum kühlen Rechner, und stellen Sie die Posten Geben und Nehmen gegenüber. Was hat der andere für Sie getan, was haben Sie schon an Gegenleistung erbracht? Selbstverständlich ist das eine subjektive Bewertung, aber ausschlaggebend sind Ihr eigenes Gewissen und Ihr Gefühl für eine ausgewogene Balance. Mag sein, dass Ihnen sogar jemand das Leben gerettet hat – müssen Sie jetzt im Gegenzug aus lebenslänglicher Dankbarkeit seinen abstoßenden Sohn heiraten? Das ist unverhältnismäßig. Auch Dankbarkeit muss messbar, ausgewogen und im Rahmen bleiben. Niemand hat das Recht, schrankenlos alles von Ihnen zu fordern, weil er Ihnen einmal einen guten Dienst erwiesen hat. Zudem gibt es unterschiedliche Formen und Äußerungen der Dankbarkeit, bei der Sie ein Wörtchen mitzureden haben.

Ihr Chef hat Ihnen damals, nach der langen Erkrankung, eine grandiose Chance zum Neustart gegeben? Sie werden ihm wahrscheinlich ewig dankbar bleiben. Sie werden sich aber hoffentlich weigern, wenn er von Ihnen verlangt, dass Sie nun ständig private Botengänge für ihn erledigen sollen. Sagen Sie also klipp und klar, was Sie für angemessen halten und was nicht. Irgendwann ist das Konto ausgeglichen, und Sie können beide wieder bei null starten.

Sie sind auf einen manipulativen Trick hereingefallen? Dann sollten Sie sich unbedingt Kapitel 10 durchlesen.

Die Prinzipien des Neinsagens

Die selbst gezüchteten Saboteure sind nun entlarvt. Jetzt brauchen Sie nur noch einige Prinzipien und Vorgehensweisen, wie Sie Ihr inneres Nein möglichst sozialverträglich nach außen tragen. Sie werden oft nicht verhindern können, dass Ihr Gesprächspartner Ihr Nein nicht gerade enthusiastisch aufnehmen wird. Aber Sie können es ihm so leicht wie möglich machen.

Wenn Sie jemand um etwas bittet, finden Sie zuerst heraus, was Sie wirklich wollen Noch einmal: Schützen Sie sich vor einem spontanen Ja, indem Sie sich erst einmal eine Bedenkzeit ausbitten, in der Sie Ihren eigenen Gefühlen und Bedürfnissen nachspüren. Ist ein Nein Ihrer Sichtweise und Ihrem Gefühl nach angemessen, überlegen Sie sich eine kurze, aufrichtige Antwort für Ihr Gegenüber. Sagen Sie direkt und nicht durch die Blume, dass Sie hierzu nicht bereit sind. Sagen Sie auch ehrlich, wenn Sie etwas nicht möchten, und drucksen Sie nicht mit vagen Ausreden herum. Erinnern Sie sich: Es reicht, dass Sie etwas nicht wollen, Sie brauchen keine weitere Begründung. Aufrichtigkeit ist die größte Wertschätzung, die Sie einem Menschen entgegenbringen können, wenn Sie ihm einen Wunsch abschlagen müssen – und nicht kreative Lügen.

Zeigen Sie Verständnis Natürlich dürfen Sie dem anderen signalisieren, dass Sie seine Enttäuschung oder seinen Ärger verstehen. Verständnis für die Gefühle eines anderen bedeutet schließlich noch lange kein Einverständnis auf sachlicher Ebene. »Ich kann gut verstehen, dass du enttäuscht bist. Ich leihe dir das Geld für diese Investition dennoch nicht.« Solch eine Aussage signalisiert Ihrem Gegenüber, dass Sie nur Nein zur Sache sagen, nicht zu seiner Person.

Sprechen Sie auch Ihre eigenen Gefühle und Gedanken an Offenheit und Wertschätzung dem Gesprächspartner gegenüber bedeutet auch, dass Sie Ihre eigenen Gefühle und Meinungen zu der Situation äußern. Sagen Sie, wenn es Ihnen leidtut, dass Sie Nein sagen. Sagen Sie aber auch, wenn Sie erstaunt, konsterniert, überrascht oder enttäuscht über seine Bitte sind. Eine gleichberechtigte Beziehung bedeutet auch, dem anderen klarzumachen, was für Gefühle er in Ihnen auslöst mit seinem Ansinnen: »Ich verstehe, dass Sie jetzt gerne mit mir hinaufgehen würden. Ich möchte das aber nicht und bin ehrlich gesagt enttäuscht von Ihnen.« Oder: »Mama, ich weiß, dass du enttäuscht bist, dass ich dieses Wochenende nicht zu dir komme. Ich wäre aber ebenso enttäuscht, wenn ich auf den Skiausflug mit meinen Freunden verzichten müsste.« Wenn Sie Ihrem Gesprächspartner Ihre Gefühle und Gedanken nicht vorenthalten, geben Sie ihm die Möglichkeit, Sie besser zu verstehen.

Wenn möglich, bieten Sie Alternativen an Manchmal kann es sein, dass Sie zwar einer bestimmten Forderung nicht nachkommen wollen, aber etwas anderes stattdessen für Sie in Ordnung wäre. Verknüpfen Sie Ihr Nein also mit diesem alternativen Angebot – so wie Monika es zum Beispiel bei ihrer Kollegin Tina gemacht hat. Sie hat ihr die Präsentation nicht erstellt, ihr aber angeboten, sie bei der Einarbeitung in das Programm zu unterstützen. Ein Nein ist viel besser zu verkraften, wenn man stattdessen etwas anderes bekommen kann. Prüfen Sie aber genau, ob Sie zu diesem Alternativangebot auch wirklich freiwillig bereit sind. Nicht, dass Sie sich selbst aus lauter schlechtem Gewissen etwas noch viel Unangemesseneres aufhalsen.

Zeigen Sie mögliche positive Folgen Ihres Neins für den anderen auf Überlegen Sie sich vorher: Was ist an Ihrem Nein womöglich gut für den anderen? Das hilft Ihnen womöglich auch, Ihr hartnäckiges schlechtes Gewissen in Schach zu halten und standhaft zu bleiben. Ihrer enttäuschten Mama könnten Sie aufzeigen, dass Sie beide viel mehr voneinander hätten, wenn Sie Ihre Besuche nicht mehr jedes Wochenende pflichtgemäß, sondern, in Abstimmung mit Ihren anderen Plänen, freiwillig machten: Sie hätten bessere Laune, freuten sich auf den Sonntag und könnten dieses Zusammensein richtig genießen. Bisher sind Sie womöglich immer missmutig hingefahren, haben aus lauter Frust an allem herumgenörgelt, einsilbig vor sich hin geschmollt und alle zwei Minuten auf die Uhr geblickt. Das war doch für beide kein Vergnügen.

Manchmal sind solche positiven Folgen eher langfristiger Natur. Wenn Ihre Freundin eine echte Freundin ist, wird sie auf Dauer zugeben müssen, dass Sie durch Ihr Nein beim Verleihen des Geldes letztlich der Freundschaft einen besseren Dienst erwiesen haben, als wenn Sie es ihr aus schlechtem Gewissen geliehen hätten. Ihr Geld wäre futsch und Sie sauer gewesen. Ihre Freundin hätte womöglich ein schlechtes Gewissen gequält, was dann in Abneigung und Rückzug umgeschlagen wäre. Schließlich wären Sie das Mahnmal ihres Fehlers gewesen – und wie das oft so ist, hätte dieses Gefühl der Abhängigkeit der Freundschaft letztlich den Garaus gemacht.

Begründen Sie eventuell Ihr Nein Wenn Sie einen nachvollziehbaren Grund für Ihr Nein haben, können Sie diese Begründung selbstverständlich anbringen: Sie sind selber völlig pleite, und Ihr Konto ist überzogen. Nennen Sie einen konkreten Grund oder begründen Sie Ihre Absage mit Prinzipien: »Ich bitte am ersten Abend grundsätzlich keinen Mann in meine Wohnung.« Dem Abgewiesenen wird somit klar, dass er nicht persönlich abgelehnt wird, sondern andere Überlegungen außerhalb seiner Person Ihr Nein bedingen.

Die Prinzipien des Neinsagens

Aber Vorsicht: Trotzdem wird es etliche Menschen geben, die daraufhin versuchen werden, diese Begründung zu zerpflücken und Sie umzustimmen. Überlegen Sie sich deshalb gut, ob Sie die Begründungskrücke für Ihre eigene Standhaftigkeit überhaupt gebrauchen wollen. Wenn das Zerpflücken losgeht, hören Sie sofort auf mit der Argumentation und schalten um auf sanfte Beharrlichkeit mit der Taktik der offenen Tür: Geben Sie dem anderen schrankenlos recht, dass man es so sehen könnte, bleiben Sie aber trotzdem bei ihrem Nein. Nehmen Sie sozusagen alle Schuld auf Ihre zarten Schultern und damit dem anderen den Wind aus den Segeln.

Das Wirksame an dieser Strategie: Dadurch, dass Sie auf der Argumentationsebene keinen erkennbaren Widerstand leisten, läuft die Gegenargumentation völlig ins Leere. Wenn Sie signalisieren, dass die Sichtweise des Gegenübers durchaus eine mögliche Sichtweise ist, Ihnen diese Etiketten aber herzlich egal sind, hat jegliches weitere Insistieren keinen Sinn mehr. Bei hartnäckigen Menschen müssen Sie vielleicht ein paar Wiederholungsschleifen drehen, aber Ihre eigene Beharrlichkeit beim Nein wird sich zum Schluss durchsetzen. Und bedenken Sie: Selbst wenn Sie die besten Argumente der Welt für Ihr Nein hätten, nähmen auch diese dem Gegenüber nicht die Enttäuschung und das schlechte Gefühl einer Absage.

9 Harmonie und Konflikte: Private und professionelle Beziehungen im Kreuzfeuer

Nun haben Sie einige Strategien kennen gelernt, die dem Nein peu à peu seinen Schrecken nehmen werden. Wertvolle Strategien, mit denen Sie über kurz oder lang der Harmoniefalle entkommen. Aber wie sieht es aus mit Kritik, Disharmonie und Streit? Sind das Albtraum verursachende Reizworte für Sie? Erschlagen Sie auch noch diese letzten Drachen, die Ihnen sowohl den Schlaf als auch Ihre innere Stärke rauben können. Eignen Sie sich ein paar Fertigkeiten zur Konfliktbewältigung an, und lernen Sie, mit Meinungsverschiedenheiten gelassen, souverän und konstruktiv umzugehen.

Sie haben eine negative Sicht auf Streit und Konflikt? Womöglich ist die etwas einseitig. Konflikte haben, so unangenehm sie im akuten Fall auch erlebt werden, durchaus positive Seiten. Sie gehören genauso zu einer ausgewogenen Beziehung wie Harmonie. Ewiger harmonischer Sonnenschein ist auf Dauer nicht nur tödlich langweilig, er lässt eine Beziehung auch völlig erstarren. Sicher kennen auch Sie diese Paare, die es sich in ihrem harmonischen Beziehungsnestchen gemütlich eingerichtet haben, die kontroverse Themen ausklammern oder gleich im Keim ersticken. Sie sind stets einer Meinung, lächeln sich unentwegt an, gehen mit übertriebener Höflichkeit miteinander um und verkünden stolz, dass sie sich noch *nie* gestritten haben. Meist sind sie nur im Doppelpack zu haben und erscheinen geistig und körperlich aneinandergeschweißt wie siamesische Zwillinge. Nicht selten sind sie schwierige Gäste und Freunde, denn in fröhlichen Runden können sie lähmend wie Äther wirken. Finden Sie solche Paare nicht auch langweilig? Keine echte Kommunikation, kein Austausch, keine Anregung, kein Spiegel, keine Entwicklung – dafür Stillstand und Dauerharmonie …

Solche Beziehungen sind alles andere als gesund. Menschen sind nun einmal lebendige Wesen, und so kommt es im Zuge der persönlichen und gemeinsamen Weiterentwicklung immer wieder zu Streit und Konflikten. Was gut ist, denn daraus können wir viel lernen:

- Konflikte zeigen uns rechtzeitig Missstände auf und erzeugen Transparenz.
- Konflikte bringen etwas in Bewegung. Sie erzeugen Verände-

rungsenergie und sind die Hauptursache jeden Fortschritts. Wer mit allem restlos zufrieden ist, hat keinen Grund, nach etwas anderem zu suchen.
- Konflikte verhelfen uns zu Selbsterkenntnis.
- Konflikte können uns einander näher bringen und den Zusammenhalt fördern. Der Begriff »sich zusammenraufen« kommt nicht von ungefähr.

Um Streit und Auseinandersetzung kommen Sie nicht herum. Es gilt allerdings, geschickt mit konfliktreichen Situationen umzugehen und sich fair zu verhalten, wenn es einmal richtig kracht. Leider wird der Umgang mit Konflikten ja nirgendwo systematisch gelehrt. Dabei wäre dieses Thema am besten schon ein Unterrichtsfach in der Grundschule. Hier finden Sie etliche Tipps und Methoden, wie Sie Konflikte konstruktiver lösen können.

Kleine Streitschule

Über das Chaos mit den Gefühlen haben wir uns ja schon gemeinsam Gedanken gemacht. Hier noch einmal komprimiert die positiven Funktionen von negativen Gefühlen:

- Aktivierung und Bereitstellung von Energie;
- Aufmerksamkeit wecken, dass etwas nicht ganz in Ordnung ist;
- Warnung vor Gefahr;
- Selbstschutz vor der Verletzung wichtiger Grenzen.

Auch wie man negative Gefühle bei sich selbst besser wahrnehmen und handhaben kann, haben wir uns schon näher angeschaut. Wie aber bringt man sie in ein Gespräch ein, das schon reichlich gespannt ist – ohne dass die Wogen der Emotionalität vollends über den Köpfen zusammenschlagen? Wie kritisiere ich jemanden, ohne dass er oder sie mir gleich den Kopf abreißt – wo es mir doch sowieso schon schwerfällt, überhaupt Kritik auszusprechen.

Zunächst ist eines wichtig: Sie sollten die negativen Gefühle nicht ausagieren. Das verstärkt und verschlimmert sie nur. Es bringt nichts, möglichst laut zu brüllen, mit Gegenständen um sich zu werfen, den Gesprächspartner beim Schopf zu packen und rauszuwerfen oder in einem Meer von Tränen zu zerfließen. Das Ausagieren von Gefühlen steht nur Tieren als einzige Strategie zur Verfügung – Sie hingegen haben zusätzlich Ihr Großhirn.

Das verleiht Ihnen die Fähigkeit, zu reden und Ihre Gefühle zielführend in eine Beziehung einzubringen. Es ist gar nicht ganz so einfach, seine – negativen – Gefühle und Kritikpunkte so zu artikulieren, dass der andere versteht, worum es einem geht. Verhält man sich dabei ungeschickt, wird der andere sauer und nimmt sofort die Angriffsstellung ein.

Wenn Sie ankündigen, über Ihre Gefühle und Wahrnehmungen sprechen zu wollen, dann sollten Sie auch exakt über Gefühle und Wahrnehmungen sprechen! Wahrscheinlich denken Sie, Sie würden viel öfter über Emotionen und Tatsachen sprechen, als Sie das wirklich tun. Vermutlich haben auch Sie schon Aussagen der folgenden Art gemacht und waren überzeugt, Sie hätten die Tatsachen und Ihre Gefühle dazu klar und deutlich angesprochen:

- »Ich fühle mich von dir eiskalt übergangen.«
- »Du merkst gar nicht, wie sehr ich mich vernachlässigt fühle.«
- »Ich habe das Gefühl, ich bin dir völlig gleichgültig.«
- »Ich spüre genau, dass dich meine Meinung nicht interessiert.«
- »Deine unverschämten Bemerkungen sind ja wohl das Letzte.«.

Emotionale Talfahrten in Beziehungen

Was soll an diesen Formulierungen falsch sein? Sind sie nicht deutlich und gefühlsstark? Letzteres sind sie sicherlich – aber leider sind sie nicht deutlich, sondern diffus. Der Haken an solchen Aussagen ist, dass sie zwar Wörter wie *fühlen* und *spüren* enthalten und sich auf irgendwelche Verhaltensweisen beziehen, aber nicht Ihre Wahrnehmungen und Emotionen ausdrücken. Sie geben lediglich Ihre Vermutungen, Interpretationen und Unterstellungen wieder. Auch wenn Sie sie noch so emotional herüberbringen.

Ihr Gatte tanzt auf einer Party mit jeder anwesenden Dame, nur nicht mit Ihnen. Er bucht einen Skiurlaub mit seinen Kumpeln, statt mit Ihnen in den Urlaub zu fahren – das sind tatsächliche Handlungen. Sie interpretieren nun diese Handlungen und unterstellen Ihrem Gegenüber mit Ihren Aussagen, er würde Sie übergehen oder vernachlässigen. Sie versuchen, seine Absichten und Gedanken zu erraten und spekulieren über seine Motive, sich so zu verhalten. <u>Im Konfliktfall unterstellen wir sicherheitshalber negative Motive, nicht wahr?</u> Und diese Vermutungen äußern Sie mit Aussagen wie den eben genannten. Unklar bleibt allerdings weiterhin, welche Gefühle die Verhaltensweisen des Gegenübers bei Ihnen ausgelöst haben. Das weiß der andere immer noch nicht. Wissen Sie es selbst?

Sie fühlen sich übergangen. Aber was für eine Emotion steckt genau dahinter? Sind Sie sauer, enttäuscht, überrascht, ängstlich, wütend, irritiert, einsam? Sich vernachlässigt fühlen – bedeutet das, dass Sie Angst haben, der andere liebt Sie nicht mehr? Dass Sie eifersüchtig auf die anderen Damen sind? Dass Sie wütend und in Ihrer Eitelkeit verletzt sind, weil Sie nicht genug beachtet wurden? Auch die Aussage »Ich spüre genau, dass dich meine Meinung nicht interessiert.« enthält nur Ihre Interpretation der Handlung. Vielleicht hat Ihr Gesprächspartner Sie dauernd unterbrochen und nicht zu Wort kommen lassen – wie unhöflich. Die Aussage sagt dennoch nichts über Ihre eigentlichen Gefühle aus: Ärger über seine Unhöflichkeit? Wut über diese Unverschämtheit? Frust, dass Sie es nicht geschafft haben, sich durchzusetzen? Verzweiflung, dass Sie Ihr Image als Wackelpudding nie loswerden? Angst, dass Ihre Bedürfnisse nicht berücksichtigt werden? Neid auf die skrupellos eingesetzten rhetorischen Fähigkeiten des anderen?

Warum kann mein Gegenüber sich denn nicht selbst denken, dass ich so ein Verhalten verletzend finde und deshalb sauer bin?

Diese Einstellung hieße, die Latte sehr hoch hängen. Sie verlangen damit das berühmte Gedanken- beziehungsweise Gefühlelesen von jemand anderem. Ihr Partner soll sich aus einer Fülle von möglichen Emotionen eine aussuchen – oder gar eine ausgefuchste Mischung unterschiedlichster Gefühle, die Sie verspüren. Und wehe, er wählt die falsche. Da sollte er mal lieber Lotto spielen – die Erfolgsaussichten auf einen Sechser mit Zusatzzahl sind ähnlich hoch.

Davon abgesehen, können Sie davon ausgehen, dass er nach Ihrer Äußerung von eben sowieso keine Lust verspürt, sich mit Ihren wirren Emotionen zu befassen.

Er ist nämlich vollauf mit dem Sortieren seinen eigenen beschäftigt. Denn neben der Unklarheit über Ihre tatsächlichen Gefühle ist das der zweite große Haken an diesen Aussagen: Auf Unterstellungen reagieren die meisten Menschen ebenfalls mit negativen Gefühlen und gehen sofort in eine Verteidigungshaltung. Sie weisen diese Anschuldigungen und Vorwürfe weit von sich und starten einen vehementen Gegenangriff nach dem Muster: »Das musst du gerade sagen. Und wer hat hemmungslos mit diesem Vorstadtcasanova geflirtet, der aussah wie ein aufgebrezelter Bademeister?« Oder: »Hab ich vielleicht ein Wort gesagt, als du mit deinen zickigen Freundinnen zum Power-Shopping nach London gefahren bist und die Kreditkarte hast heiß laufen lassen?«

Richtig, diese Art des Gegenangriffs führt nicht zur Klärung eines Konflikts. So funktioniert es besser:

Kritik und Gefühle konstruktiv ansprechen

Bitten Sie Ihren Gesprächspartner, Sie erst einmal ausreden zu lassen und nicht zu unterbrechen. Er bekommt später selbstverständlich die Gelegenheit, Stellung zu beziehen und seinerseits Sie zu kritisieren. Formulieren Sie Ihre Aussage besser nach der folgenden Methode:

1. Schildern Sie neutral und konkret die Verhaltensweise, die Sie wahrgenommen haben und die Sie stört *Neutral* ist ein wichtiges Schlüsselwort: Verzichten Sie dabei auf schmückendes, (ab)wertendes Beiwerk wie: »Deine *unverschämten* Bemerkungen ...« Damit treiben Sie Ihren Gesprächspartner mit Sicherheit in Rekordzeit auf die Palme. Keine Sorge: Ihre subjektive Meinung dazu kommt später noch. Zunächst ist es sinnvoller und konstruktiver, die einzelnen Elemente zu sortieren und nicht eine verknotete Rückmeldung zu geben, die der andere erst mühselig entwirren muss. Auch ein »Du hast mich mal wieder absichtlich unterbrochen.« enthält eine Unterstellung schäbiger Motive.

Konkret ist das zweite wichtige Schlüsselwort: Es nützt gar nichts, allgemein und schwammig zu bleiben: »Sie sind immer so unzuverlässig.« Damit kann niemand etwas anfangen, geschweige denn wissen, was jetzt zu tun ist. Schließlich soll das störende Verhalten ja abgestellt werden. Doch dazu muss der andere erst einmal unmissverständlich wissen, was genau Sie stört. Die Aussage »Sie haben die letzten drei Abschlussberichte mindestens eine Woche zu spät abgegeben.« benennt klar den Punkt, um den es geht.

Das dritte Schlüsselwort ist *ich*. Beziehen Sie sich möglichst auf Wahrnehmungen, die Sie selbst gemacht haben. Es ist ein wenig feige, sich hinter anderen zu verstecken und eine imaginäre Anklägerschar zur Verstärkung im Rücken zu haben: »Alle sagen übrigens, dass ...« oder »Die Kollegen finden auch ...«. Zudem berauben Sie damit Ihren Gesprächspartner der Möglichkeit, noch einmal nachzufragen, wenn er etwas nicht verstanden hat. Abwesende kann man schlecht befragen.

In Ausnahmefällen können Sie – als Abgesandte Ihres Teams – auch für die anderen sprechen. Es ist für den Gesprächspartner nicht so bedrohlich, mit Ihnen allein zu reden, als sich einer Phalanx von erbosten Richtern gegenüberzusehen. Wenn das Thema alle betrifft und Sie als Vertreterin die Gruppe repräsentieren, sollten Sie das gleich zu Beginn des Gesprächs sagen – und auch mit den Namen der anderen nicht hinter dem Berg halten. So viel Zivilcourage muss sein.

Es ist sinnvoll, in einem Gespräch nur die zwei oder drei wichtigsten Punkte anzusprechen und weitere Themen in mehreren Portionen zu behandeln. Eine Mängelliste vom Umfang eines Versandhauskatalogs kann und will niemand auf einmal verarbeiten. Konzentrieren Sie sich am besten auf die Themen, die Ihnen am dringlichsten erscheinen. Schildern Sie also erst einmal nur das, was man objektiv wie auf einem Video von außen wahrnehmen kann: Was haben Sie gesehen und gehört? Was Sie sich dabei gedacht haben, kommt erst im zweiten Schritt.

2. Sagen Sie, wie Sie diese Verhaltensweise interpretieren
Jetzt können Sie endlich sagen, was Sie davon halten: »Du hast den ganzen Abend mit anderen Frauen getanzt, nur nicht mit mir. Für mich bedeutet das, dass du kein großes Interesse mehr an mir hast. Zudem fand ich dieses Verhalten unhöflich mir gegenüber.« Das ist Ihre Interpretation des Geschehens, die Wirkung auf Ihre Gedanken.

3. Sagen Sie, welche Gefühle das bei Ihnen ausgelöst hat
Nennen Sie klar und deutlich die Gefühle, die Sie daraufhin hatten: »Das hat mich wütend gemacht. Ich war aber auch verunsichert und eifersüchtig.« Seien Sie ehrlich zu sich und dem anderen – versteckte negative Gefühle sind kleine Zeitbomben, die irgendwann explodieren, wenn man sie nicht rechtzeitig entschärft.

4. Äußern Sie einen Wunsch Zu sagen, was Sie nicht mehr wollen, heißt noch lange nicht, dass der andere nun weiß, was Sie stattdessen wollen. Wahrscheinlich darf Ihr Mann schon einmal mit einer anderen Frau tanzen, oder? Vielleicht ist es Ihnen aber lieber, wenn er die langsamen, romantischen Stücke mit Ihnen tanzt. Sagen Sie ihm konkret, was Sie alternativ gerne hätten.

5. Bitten Sie um die Sichtweise Ihres Gesprächspartners
Nun hat fairerweise der andere die Gelegenheit, zu Ihrer Aussage Stellung zu nehmen, etwas zu ergänzen, ein Missverständnis aufzuklären, seine Motive darzulegen, seine Sichtweise und Interpretation zu schildern. Und im Anschluss daran darf Ihr Gesprächspartner natürlich ebenso äußern, was ihm an Ihnen nicht gefällt. Nun sind Sie dran, kritisiert zu werden.

Umgang mit destruktiver Kritik

Zu kritisieren ist selbstverständlich einfacher, als kritisiert zu werden. Was mache ich, wenn mich jemand kritisiert – womöglich auf destruktive und verletzende Art? Zunächst erinnern Sie sich bitte noch einmal an die Methode, mittels eines Auslösers innere Zustände abzurufen: Aktivieren Sie in so einer Situation sofort Ihren Auslöser für Gelassenheit und Stärke. Atmen Sie tief durch, und stellen Sie die Goldwaage, auf die Sie in Ihrer Empfindlichkeit sonst alle Worte legen, beiseite. Die können Sie jetzt gar nicht gebrauchen.

Nehmen wir einmal den umgekehrten Fall von Eifersucht und Unsicherheit an, und lassen wir sie unter einem anderen Deckmäntelchen daherkommen: Sie hatten Freunde zum Essen eingeladen. Sie finden, dass es ein toller Abend war. Sie haben sich gut amüsiert, intensiv um Ihre Gäste gekümmert, viel gelacht und witzige Begebenheiten aus Ihrem Urlaub erzählt. Dabei gingen Sie davon aus, dass Ihr Mann sich ebenso blendend unterhalten hat. Nun sind alle Freunde gegangen, und Ihr Liebster ist stinksauer. Er blafft sie heftig an: »Was für eine Blamage, dein Benehmen heute Abend! Musst du dich denn immer dermaßen in den Vordergrund drängen und alle anderen in Grund und Boden reden? Ich selbst bin auch kein einziges Mal zu Wort gekommen. Und dann hast du auch noch so albern mit Helmut gekichert – widerlich …« Starker Tobak. Von konstruktiv kann da wirklich nicht die Rede sein. Ihr Liebster ist offensichtlich in Rage und vergisst sämtliche Regeln der Höflichkeit. Was nun? Ein dramatischer Tränenausbruch? Türen knallender Abgang? Oder ein kleiner Gegenkonter bezüglich seines hemmungslosen Flirts mit der wie üblich aufgetakelten Jennifer? Haben Sie alles schon probiert, war nicht sonderlich erfolgreich? Das macht ja auch keinem wirklich Spaß.

Streitgespräche unter der Lupe

Schauen wir uns einmal eine wirksame Methode an, aus so einer anklagenden und verletzenden Aussage den wahren Kern herauszuschälen:

1. Unterscheiden Sie zwischen Fakten und ihrer subjektiven Bewertung Da es Ihr Liebster nicht tut, müssen Sie das übernehmen. Überhören Sie erst einmal nonchalant seine ungeschickten Formulierungen. Das erfordert ein gewisses Maß an innerer Größe, aber schließlich lieben Sie ihn ja und wollen den Streit beenden und nicht eskalieren lassen. Schlucken Sie dreimal, atmen Sie tief durch, und beginnen Sie mit Ihrer sanften Inquisition.

2. Finden Sie heraus, welches Verhalten genau ihn wirklich gestört hat Es gibt eine nützliche Interviewstrategie, die Ihnen hilft, Ihrem erbosten Lebenspartner zu entlocken, was genau ihn eigentlich so fuchst und welche Gefühle das bei ihm auslöst. XXX steht für alle verallgemeinernden, schwammigen und wertenden Aussagen in der Rückmeldung des anderen:

- Was genau meinst du mit XXX?
- Welche Verhaltensweise bei XXX stört dich so?
- Gib mir bitte ein konkretes Beispiel, was du mit XXX meinst.

Fragen Sie so lange nach, bis Sie konkrete Verhaltensweisen genannt bekommen und genau wissen, worauf sich der andere bezieht.

3. Finden Sie seine wahren Gefühle heraus Auch hier orientieren Sie sich wieder an der sanften Inquisition und benutzen folgende Fragen:

- Was ist so schlimm an XXX?
- Wieso ist es falsch, XXX zu tun?
- Was bedeutet XXX für dich?
- Wie fühlst du dich, wenn ich XXX tue?
- Was löst XXX bei dir aus?

Es gilt, hartnäckig so lange nachzufragen, bis seine tatsächlichen Gefühle hinter all den schwammigen Formulierungen und Rationalisierungen zum Vorschein kommen.

4. Zeigen Sie Verständnis für die Gefühle und Gedanken des anderen Schlagen Sie nicht sofort zurück: »Das siehst du völlig falsch, so war das gar nicht, so habe ich das gar nicht gemeint...« Stimmen Sie zu, dass man es auch so sehen kann. Sie wissen ja: Damit sagen Sie noch lange nicht, dass Sie es genauso sehen. Auch für seine Gefühle können Sie ruhig Verständnis zeigen: »Ich wäre auch sauer, wenn ich es so erlebt hätte wie du.« Die wichtige Wirkung: Sie zeigen dem anderen damit, dass er ein Recht hat und dass es ins Ordnung ist, die Dinge so zu sehen und zu erleben, wie er es momentan tut. Würden Sie sofort alles abstreiten, richtigstellen und anders bewerten, gestünden Sie ihm die eigene Meinung und Gefühlslage nicht zu. Das mag niemand gerne.

5. Fragen Sie, ob es noch weitere Kritikpunkte gibt Reicht es etwa noch nicht, dass Sie aus seinen beleidigenden Äußerungen den eigentlichen Kern herausschälen und dabei heroisch ruhig bleiben müssen? Leider reicht es nicht, wenn Sie auf der sicheren

Seite sein wollen. Manchmal halten Gesprächspartner mit dem eigentlichen Kern der Aussage hinterm Berg, weil sie sich nicht trauen, ihn anzusprechen. Oder er ist ihnen gar nicht bewusst. Und Sie wollen doch nicht das falsche Problem lösen. Beugen Sie Missverständnissen vor, indem Sie von sich aus fragen, ob es da noch etwas gibt, was den anderen gestört hat.

6. Denken Sie darüber nach, und nehmen Sie Stellung dazu
Denken Sie unvoreingenommen über das nach, was Sie herausgefunden haben. Was können Sie nachvollziehen, wo hat der andere vielleicht Recht, was sehen Sie ganz anders? Sagen Sie nun offen und ehrlich, was Sie denken und empfinden.

Spielen wir den Prozess noch einmal konkret durch – am Beispiel der Situation nach dem Essen mit Freunden. Wie war der furiose Einstieg Ihres Liebsten?

Er: »Was für eine Blamage, dein Benehmen heute Abend! Musst du dich denn immer dermaßen in den Vordergrund drängen und alle anderen in Grund und Boden reden? Ich selbst bin auch kein einziges Mal zu Wort gekommen. Und dann hast du auch noch so albern mit Helmut gekichert – widerlich ...«

Sie (erschrocken, aber ruhig, überhören einfach seine unverschämten Formulierungen): »Ich verstehe, du bist sauer und dir stinkt mein Verhalten gewaltig.«

Er (sarkastisch): »Genau, toll beobachtet.«

Sie (weiterhin sachlich, fragen nach dem schwammigen XXX): »Was ich nicht ganz verstehe: Was genau meinst du mit ›in den Vordergrund drängen und aufdringlich sein‹?«

Er (immer noch stinkig): »Tu doch nicht so, als ob du das nicht wüsstest. Deine dominante Art – wie du zum Beispiel die Geschichten aus unserem Urlaub erzählt hast.«

Sie: »Stimmt, die Urlaubsgeschichten habe ich tatsächlich erzählt. Aber was meinst du mit dominant?«

Er: »Als ich diese komische Sache mit dem Kellner erzählen wollte, hast du mich gar nicht zu Wort kommen lassen.«

Sie: »Jetzt, wo du es sagst: Stimmt, ich war so im Erzählschwung, dass ich dich nicht dazwischenließ.«

Er (schon ruhiger): »Wenigstens gibst du das zu.«

Sie: »Ich habe dich also nicht zu Wort kommen lassen. Was ist so schlimm daran?«

Er (immer noch aufgebracht, aber auch verwirrt): »Na hör mal, schließlich bist du nicht die Einzige, die hier was zu erzählen hat. Du kannst nicht immer die Hauptperson sein.«

Sie: »Was ist falsch daran, wenn ich einmal die Hauptperson bin?«

Er: »Dass ich mich völlig untergebuttert fühle. Wie stehe ich denn da, wenn du die ganze Zeit redest und ich wie eine stumme Zierpuppe daneben sitze.«

Sie: »Was genau meinst du mit untergebuttert fühlen?«

Er (zögernd): »Na ja, ich komme mir dann völlig unwichtig vor.«

Sie: »Was löst das denn bei dir aus?«

Er (verlegen): »Ehrlich gesagt, ich habe Angst, dass ich dir egal geworden bin. Und wenn du dann auch noch so vertraulich mit Helmut kicherst …«

Sie (immer noch mit Engelsgeduld): »Wieso hat das Kichern auf dich denn so negativ gewirkt?«

Er: »Ich fühlte mich halt völlig ausgeschlossen.«

Sie: »Und was bewirkt es genau, wenn du dich ausgeschlossen fühlst?«

Er (zögerlich): »Ich habe dann Angst, dass du Helmut attraktiver findest als mich. Ja, verflixt noch mal, ich gebe es zu: Ich war eifersüchtig.«

Jetzt ist es endlich raus.

Sie: »Ich kann gut verstehen, dass du eifersüchtig bist, wenn du dich ausgeschlossen und übergangen fühlst. Das ging mir auch schon einmal so. Und es ist gut möglich, dass ich auf dich dominant gewirkt habe. Vielleicht war ich auch wirklich zu vertraut mit Helmut.«

Er (brummig): »Naja, *so* schlimm war es auch wieder nicht.«

Sie: »Gibt es noch etwas, was dich gestört hat?«

Er (erstaunt, so kennt er Sie gar nicht, aber auch erleichtert): »Wenn du schon so fragst, du ignorierst mich immer total, wenn wir mit anderen zusammen sind.«

Sie: »Und was fühlst du dabei?«

Er: »Das weißt du doch schon: Ich fühle mich ausgeschlossen und habe den Eindruck, dass du andere interessanter findest als mich.«

Sie: »Und was wäre so schlimm daran?«

Er (vehement): »Dass du dann eines Tages mit einem von diesen tollen Typen weg bist!«

Sie: »Dann hast du also Angst, dass ich dich wegen eines interessanteren Mannes verlasse?«

Er (wieder verlegen): »Na ja, so ungefähr.«

Sie: »Was müsste ich denn tun, damit du dich besser fühlst?«

Er (druckst herum und läuft rot an): »Wenn du öfter mal zu mir kämst und mir mal ein Küsschen ... oder so, dann würde ich mich sicherer fühlen und wüsste, dass ich immer noch der wichtigste Mann für dich bin.«

Sie (liebevoll): »Na, dann fange ich doch gleich mal damit an ...«

Mit ein wenig Übung werden Sie in Zukunft immer schneller die wahre Ursache einer Verstimmung herausfinden und beheben können. So muss erst gar kein destruktiver Streit entstehen. Nur, was macht man, wenn es einmal nicht so mustergültig läuft? Wenn ein richtiger Streit voll im Gange ist? Hier finden Sie einen Konfliktlösungsprozess, der Ihnen hilft, trotzdem auf dem konstruktiven Pfad zu bleiben.

Krisenmanagement – wenn's richtig kracht

Was macht eigentlich Monika? Nun, die hat gerade ziemlichen Ärger mit ihrer Kollegin Tina – ein echtes Biest, wie Monika mittlerweile findet. Dass sie dieser undankbaren Zicke jemals so viel geholfen hat. Tina jedoch hat in der Zwischenzeit tatsächlich den neuen Kunden übernommen und versucht, bei der Leitung des Teams zu brillieren – Petra und dem Kunden gegenüber. Dabei scheint ihr jedes Mittel recht zu sein: Bald steht ein Shooting für die neue Werbekampagne an – in der Karibik. Natürlich will da jeder gerne mitfahren. In der Agentur ist es üblich, dass derjenige Mitarbeiter mitfährt, von dem die Entwürfe für den Werbespot hauptsächlich stammen. In diesem Fall ist das Monika. Die ehrgeizige Tina hat doch tatsächlich auf dem letzten Meeting Monikas Entwürfe und Ideen als ihre eigenen ausgegeben. Monika war an diesem Tag nicht da – und nun soll Tina in die Karibik fahren.

Monika ist allmählich auf dem besten Weg, sich nicht mehr als dummes Schaf zu gebärden: Sie stellte Tina zur Rede. Die wurde sehr aggressiv, sodass das Gespräch damit endete, dass sich beide angegiftet haben. Auch Monika platzte der Kragen. Bei ihr dauert es zwar länger, bis sie ausflippt, aber dann ist ein Lava sprühender Vulkan nichts dagegen. Ihr Repertoire an beleidigenden Ausdrücken ist ziemlich beeindruckend. Nun hat sie zwar eine tolle Show geboten und mächtig Dampf abgelassen, ist aber keinen Schritt weitergekommen. Jetzt will sie es noch einmal anders versuchen.

Das Zwei-Gewinner-Prinzip

Am Vorabend des erneuten Gesprächversuchs sitzt sie zu Hause auf dem Sofa und bereitet sich vor. Das Gespräch erscheint ihr als besonders harter Brocken. Der Härtetest für ihr neues Ich sozusagen. Gut vorbereitet ist halb gewonnen, denkt sie und spielt das Streitgespräch im Geiste durch. Dabei macht sie sich Notizen.

1. Gute Gesprächsatmosphäre schaffen Nach der verbalen Schlammschlacht wird Tina wohl sehr misstrauisch sein und sofort wieder ihre Stacheln aufstellen. Monika muss ihr von Anfang an klarmachen, dass sie es dieses Mal anders probieren will. Dass sie entschlossen ist, mit Tina gemeinsam eine Lösung zu finden, mit der sie beide leben können. Ihr ist klar geworden, dass nur eine Zwei-Gewinner-Lösung dauerhaft funktionieren wird. Wenn sie sich weiterhin bekämpfen, wird alles nur noch schlimmer. Ausschlaggebend ist für sie, dass sie sich nicht dauerhaft mit Tina bekämpfen, sondern unter erwachsenen Menschen eine konstruktive Lösung finden möchte. Sie will auch ihre Gefühle ansprechen: Sie ist immer noch sauer und möchte das dringend loswerden. Außerdem hält sie es für taktisch klug, wenn sie als Erstes ihren eigenen Fehler zugibt, ausfallend geworden zu sein. So kann sie gleich signalisieren, dass sie nicht auf einen weiteren wüsten Streit aus ist. Sie könnte Tina zum Einstieg Folgendes sagen:

»Tina, ich würde mit dir gerne noch einmal über das Shooting sprechen. Ich war total sauer, dass du meine Ideen als deine ausgegeben hast. Ich gebe gerne zu, dass ich mich in unserem ersten Gespräch wahrlich nicht damenhaft benommen habe. Aber nun möchte ich mit dir gemeinsam noch einmal ruhig nach einer Lösung suchen. Ist das okay für dich?« Monika ist mit ihrer Gesprächseröffnung zufrieden.

2. Konflikt analysieren Ganz klar: Tina hat ihre Ideen geklaut und sich die Fahrt in die Karibik erschummelt, basta. Wie hinterhältig. Sie ist ein niederträchtiges Biest und hat allein an allem Schuld. Monika notiert sich diese Erkenntnis und lässt sie auf sich wirken. Ist das wirklich alles? Wenn sie ehrlich ist, nein. Sie war schon sauer auf Tina, als diese so abfällig über sie geredet und die Leitung des neuen Etats bekommen hat. Damals war sie zu feige, sie darauf anzusprechen. <u>Enttäuschung, Frust, aber auch Neid hat sie dabei empfunden.</u> Und Wut auf ihre eigene Blödheit. Tina hatte ja nicht ganz Unrecht: Monika hat sich wegen ihres übergroßen Harmoniebedürfnisses viel zu lange rückgratlos verhalten.

Als sie Tina kurz darauf im Zuge der Entwicklung ihrer inneren Stärke auch noch verkündet hat, dass sie ihr in Zukunft die Präsentationen nicht mehr machen wird, muss das auf Tina gewirkt haben, als wolle Monika sie sabotieren. Natürlich war es notwendig, ihr zu zeigen, dass sie sich nicht mehr ausnutzen lässt, aber sie hätte auch ihre Gefühle ansprechen sollen. In Monika hat es mächtig weiter gegärt und gebrodelt. Sie hat Tina gegenüber quasi eine schwarze Brille auf und sieht nur noch das Negative an ihr. Sie hat sich ein undifferenziertes, bequemes Feindbild geschaffen.

Nun will sie Tina fragen, wie sie die ganze Situation wahrgenommen hat – es gibt ja immer zwei Sichtweisen. Und ganz so schuldlos an der Entwicklung ist Monika dann doch nicht, wie sie sogar Tina gegenüber zugeben wird! Schuldzuweisungen und erzwungene Entschuldigungen bringen nichts – außer einer kurzfristigen Befriedigung von Rachegelüsten. In Zukunft will sie von Tina nicht mehr übers Ohr gehauen, sondern fair behandelt werden. Sie müssen sich nicht wieder mögen. Es ist ihr auch wichtig, irgendeine Form der Wiedergutmachung von

Tina zu bekommen. Nach einer Zwei-Gewinner-Lösung zu suchen, heißt ja nicht, dass man wieder der Depp ist, der draufzahlt.

3. Gegenseitige subjektive positive Absicht anerkennen und auf die wahren Bedürfnisse fokussieren Monika kann wirklich nichts Positives an diesem schäbigen Betrug erkennen. Es ist einfach nicht in Ordnung, sich auf Kosten anderer Vorteile zu erschleichen. Zweifelnd liest sie noch einmal in ihren Unterlagen nach und stößt auf zwei Maximen: *Trenne die Absicht und das dahinterstehende Bedürfnis vom Verhalten* und *Trenne zwischen Verhalten und Person.*

Zur ersten Aussage: Das Verhalten ist und bleibt mies und muss abgestellt werden. Aber welche Absicht könnte Tina damit für sich verfolgt haben, welches Bedürfnis steckt dahinter? Tina wollte mit in die Karibik. Das wollte Monika auch. Noch etwas? Sie weiß, dass Tina ehrgeizig ist und Karriere machen möchte – genau wie sie selbst. Auch das ist legitim, auch Tina hat das Recht, weiterkommen zu wollen. Sie kann akzeptieren, dass ihre Kollegin nicht aus reiner Boshaftigkeit gehandelt hat, sondern im Grunde das gleiche Bedürfnis wie sie selbst hat. Das pechschwarze Feindbild bekommt schon wieder ein paar Grautöne.

Die zweite Maxime erinnert sie spontan an eine Situation aus ihrer Kindheit: Ihre Mutter hatte sie beim Lügen erwischt. Monika war froh, dass ihre Mutter sie nun nicht komplett zum Unhold erklärt hat, sondern sie immer noch liebte. Natürlich hat sie mit Monika ein ernstes Wörtchen über das Thema Lüge und

Wahrheit gesprochen. Diese Maxime bedeutet also, dass man wegen eines Fehlverhaltens nicht gleich den ganzen Menschen verurteilen muss, sondern sich vielmehr darauf konzentrieren sollte, das unangenehme Verhalten zu unterbinden. Aufgrund des Betrugs hat Monika Tina komplett zum Biest erklärt und sie als ganze Person verurteilt.

Monika nimmt endgültig ihre pechschwarze Feindbildbrille von der Nase und gesteht sich ein, dass Tina auch positive Seiten hat. Sie wird Tina also sagen, dass sie verstehen kann, dass sie Karriere machen möchte und dass das in Ordnung ist. Sie wird aber darauf bestehen, dass Tina in der Wahl ihrer Methoden auf Fairness und Kollegialität achten muss.

4. Gemeinsames übergeordnetes Ziel suchen Statt jemandem den berühmten Schwarzen Peter zuzuspielen, gilt es nun, auf Lösungsorientierung umzuschalten. Monika hat bisher immer auf die Unterschiede zwischen Tina und sich geschaut, um sich noch mehr abzugrenzen. Jetzt überlegt sie, was sie und Tina gemeinsam haben, wo sie grundsätzlich schon übereinstimmen: Beide wollen Karriere machen. Monika wird das gemeinsame Ziel schnell bewusst: Beide wollen ihr berufliches Weiterkommen verfolgen, ohne sich dabei zu stören und zu behindern.

5. Neue Lösungen entwickeln Was könnte Monika Tina vorschlagen? Sie würde gerne den Karibiktrip machen, aber ihr ist bewusst, dass das ohne eine öffentliche Richtigstellung und eine damit verbundene Demütigung Tinas kaum gehen wird. Darauf wird die sich kaum einlassen, und das möchte Monika auch auf keinen Fall. Nur, irgendetwas muss passieren, irgendein Ausgleich muss sein. Dazu fällt ihr etwas ein: Tina hat einen der begehrten Plätze in einem Fortbildungskurs an einem Managementinstitut in London ergattert. Wie wär's, wenn sie den an Monika abtritt? Sie muss ihr außerdem versprechen, dass sie so eine miese Nummer wie mit dem Ideenklau nie wieder abzieht. Damit wäre Monika recht zufrieden – auf die Fortbildung ist sie schließlich schon lange scharf. Diesen Vorschlag wird sie Tina unterbreiten. Sie wird ihr zusichern, dieses Mal über die wahre Urheberschaft der Ideen Stillschweigen zu bewahren, wenn Tina sich an die gemeinsam gefundenen Vereinbarungen hält.

Außerdem ist ihr noch etwas wichtig: Sie wird Tina das Angebot machen, dass beide in Zukunft nicht mehr hinterm Rücken übereinander reden oder wochenlang irgendeinen Groll in sich hineinfressen. Die Themen müssen geklärt werden, sobald sie aufkommen. Da muss Monika wohl über ihren Harmonieschatten springen und auch unangenehme Punkte von sich aus ansprechen. Und sollte Tina auch mit einer Lösungsidee kommen, so wird Monika sie unvoreingenommen prüfen, nimmt sie sich vor. Wichtig ist ja, dass die zur Diskussion stehenden Lösungen nicht starre Forderungen von oberflächlichen Aspekten sind, sondern die dahinterstehenden Bedürfnisse beider wirklich befriedigen. Egal, von wem sie kommen.

6. Lösungen bewerten und auswählen Was für Kriterien müsste eine gute Lösung erfüllen? Sie müsste sofort umsetzbar und flexibel sein und sollte von beiden Parteien aktive Beteiligung erfordern. Sich zurückzulehnen und vom anderen zu erwarten, dass er allein tätig wird, wäre zu einseitig. Egal, wo man angelangt ist und wer genau was getan hat, in irgendeiner Weise hat jeder dazu beigetragen, dass sich der Konflikt so weit entwickelt hat. Diese Bewertungskriterien wird sie gemeinsam mit Tina besprechen und festlegen. Viele Konflikte sind schon wieder neu entflammt, weil man sich über die Bewertung und Auswahl der besten Lösung nicht genügend ausgetauscht hat. Jeder hat seine eigenen impliziten Kriterien angelegt, doch über eine Lösung konnte man sich nicht einig werden.

7. Bedingungen und Rahmen festlegen Monika wird einige Zeit brauchen, ehe sie Tina wieder völlig vertraut – wenn überhaupt. Deshalb überlegt sie sich ein paar Bedingungen und Schutzmaßnahmen: Monika wird ihr vorschlagen, dass sie in Zukunft alle ihre Arbeitsergebnisse nicht nur an Tina weiterleitet, sondern eine kurze Notiz auch an die beteiligten Kollegen schickt. So kann Tina nie wieder in Versuchung geraten, rückfällig zu werden und Monikas Ideen als ihre eigenen auszugeben. Zudem wird Monika versuchen, an jedem Projektmeeting selbst teilzunehmen. Sollte Tina allerdings jemals diese Vereinbarungen nicht einhalten, muss das Konsequenzen haben. Monika wird ihr sagen, dass sie in diesem Fall ein Gespräch mit der gemeinsamen Chefin einfordern wird, in der dann auch Tinas Ideenklau angesprochen werden muss.

8. Lösung umsetzen Da wird Monika abwarten müssen, welche Lösung beiden schließlich einfällt. Hier kann sie in der Vorbereitung nichts tun.

9. Erfolg kontrollieren Monika ist sehr gespannt: Wird es überhaupt einen Erfolg geben, den man feiern kann? Die Zeit wird es zeigen ...

Monika fühlt sich nach ihrer intensiven Vorbereitung auf das Gespräch mit Tina ganz zuversichtlich. Sie will diesen blöden Streit endlich beilegen. Sicherheitshalber macht sie noch ein paarmal die Mentale Generalprobe für das Gespräch.

Das ehrliche Gespräch

Drei Tage später. Monika hat das Gespräch mit Tina geführt und ist richtig stolz auf sich: Es hat funktioniert. Härtetest souverän bestanden. Sie hat ihre Gesprächseröffnung ungefähr so angebracht, wie sie sie vorbereitet hatte. Tina wurde im Verlauf des Gesprächs merklich ruhiger. Es kam nach einigem misstrauischen Hin und Her zu einem sehr offenen Gespräch, das Monika über den einen oder anderen Aspekt zusätzlich die Augen geöffnet hat.

Tina hat zugegeben, dass sie zwar froh über die neue Verantwortung ist, sich aber auch sehr unsicher fühlt und große Angst hat zu versagen. In den Ideenklau sei sie aufgrund des verzweifelten Bemühens, nur ja einen kompetenten Eindruck zu machen, irgendwie hineingeschlittert. Ehe sie es sich versah, war es passiert, und sie konnte nicht mehr zurück. Es täte ihr aufrichtig leid, versicherte sie Monika. Und diese hatte den Eindruck, dass sie es wirklich ehrlich meinte. Tina machte sogar das Angebot, kurz vor dem Termin eine Krankheit vorzuschützen, sodass Monika schließlich doch noch in die Karibik fahren könnte. Aber irgendwie fanden sie es dann beide nicht gut, die Lügerei fortzusetzen. Also sagte Tina erleichtert zu, Monika ihren Kursplatz in London zu überlassen und selbst auf den nächsten zu warten.

Monika staunte nicht schlecht, als sie hörte, dass Tina ihrer Sache so unsicher ist. Sie wirkt immer so selbstbewusst und forsch, als ob sie nichts erschüttern kann. Aber in ihr drinnen sieht es wohl ganz anders aus. Es gibt mehr Gemeinsamkeiten, als Monika vermutete. Sie konnte das gut verstehen und hat Tina sogar angeboten, ihr zu helfen, wenn sie einmal in einer Notsituation nicht mehr weiterweiß. Sie wird natürlich nicht weiterhin die lästigen Arbeiten für sie übernehmen. Die Zeiten sind unwiderruflich vorbei. Tina nahm das Angebot zögernd, aber gerne an.

Und jetzt kommt's: Monika erzählte Tina auch von dem zufällig im Kopierraum angehörten Gespräch. Tina zuckte zusammen und schluckte, erklärte dann aber offen, dass sie Monika

tatsächlich so gesehen habe: immer diese übertriebene Hilfsbereitschaft bei allem und jedem und diese überzogene Duldsamkeit. Monikas Unfähigkeit, eine Grenze zu setzen, hätte auf Tina wie schleimige Einschmeichelei gewirkt und sie stark verunsichert. Sie hätte sich immer gefragt, ob da nicht noch etwas Perfides dahinterstecke. Sie könnte sich kaum vorstellen, dass jemand aus reinem Harmonie- und Anerkennungsbedürfnis so etwas mit sich machen ließe. Eine bittere Pille für Monika – aber sie hatte ja selbst längst erkannt, dass sie ihre innere Stärke zu lange unterdrückt hat.

Tina gab zu, dass sie sich wohl nicht getraut hätte, Monika um solch ein offenes Gespräch zu bitten – nach allem, was vorgefallen war. Wenn sie ihrerseits Monika darin unterstützen könnte, auf diesem Weg weiterzumachen, so würde sie das gerne tun. Monika hat den Eindruck, dass Tina sie nach dem Gespräch mit mehr Respekt betrachtet.

Natürlich ist sie sich nicht sicher, ob all diese guten Vorsätze im Alltag auch funktionieren werden, aber sie hat alles dafür getan, eine optimale Ausgangsbasis zu schaffen. Nun hängt der Erfolg davon ab, ob es ihnen beiden gelingen wird, auch in Krisenzeiten auf dem konstruktiven Weg zu bleiben.

Ende gut, letzter Drache tot. Auch bei Konflikten kommt es auf das Gewusst-wie an. Es wird für Sie nicht immer einfach sein und reibungslos über die Bühne gehen, Konflikte aus der Welt zu schaffen. Es erfordert Geduld und innere Stärke von allen Beteiligten, doch es ist allemal besser, als sich tiefer und tiefer auf der negativen Eskalationsspirale zu bewegen. Sie werden überrascht sein, wie durch Ihre – für den anderen vielleicht ungewohnten – konstruktiven Bemühungen selbst in festgefahrene Konflikte wieder positive Bewegung kommt. Denn wenn einer sich auf einmal anders verhält, muss auch die Reaktion des Gegenübers eine andere sein. Gehen Sie diese letzte Bastion mit Geduld und Mut an. Es lohnt sich.

Nicht jeder Konflikt ist konstruktiv lösbar. Sollten Sie einmal auf einen nicht lösbaren Konflikt treffen, der selbst mit professioneller Mediation nicht zu beheben ist, prüfen Sie kritisch, ob Sie die Beziehung zu dieser Person nicht ganz abbrechen können. Das wäre wahrscheinlich das Beste und Nervenschonendste. Wenn das nicht möglich ist, sollten Sie sich intensive Gedanken um Schutzmaßnahmen machen. Seien sie rechtlicher, physikalischer oder emotionaler Natur. Es ist traurigerweise so, dass eskalierte Konflikte auch in netten und sanftmütigen Menschen ungeahnte Gewalt- und Rachepotenziale freisetzen können. Ein Grund mehr, sie rechtzeitig anzugehen und gar nicht erst eskalieren zu lassen.

10 Kampf den Bestien: Die endgültige Befreiung aus der Harmoniefalle

Monika sitzt in ihrem Büro, ist erschöpft, aber zufrieden und grinst vor sich hin. Gerade hat sie eine Präsentation vor einem schwierigen Kunden bravourös bewältigt und so für ihre Agentur einen wackligen Etat gerettet. Petra war beeindruckt und hat ihr signalisiert, dass sie diesen Kunden betreuen soll, sobald er unterschrieben hat.

Monika ist stolz auf ihre Leistung. Vor ein paar Monaten hätte sie das noch nicht so souverän bewältigt. Sie will gerade zum Telefon greifen, um ihrer Freundin Maja von ihrem Erfolg zu berichten, als es klingelt. Der Marketingchef des Kunden ist am Apparat.

»Frau Schulte, noch mal Kompliment für Ihren Entwurf. Sehr beeindruckend. Selten findet man bei einer Imagekampagne so frische Ideen. Respekt.«

Monika fühlt sich geschmeichelt. »Danke, Herr Fuchs, das freut mich. Was kann ich für Sie tun?«

»Ich habe da eine kleine Bitte. Aber zögern Sie nicht, mir ehrlich zu sagen, wenn es für Sie zu umständlich ist. Obwohl ich sicher bin, dass Sie das mit links bewältigen, bei Ihrer Kompetenz und Effizienz.«

»Worum geht es denn, Herr Fuchs?«

»Wie gesagt, für Sie eine Kleinigkeit. Da wir ja nun unseren großen Etat doch bei Ihnen lassen werden, was mich persönlich freut, auch wenn unser Geschäftsführer erst noch überredet werden musste, möchten wir unsere Mitarbeiter mit einer kleinen Broschüre auf die neue Kampagne einschwören. Die fällt ja bei Ihrer Ausarbeitung quasi nebenbei an. So zehn bis 15 Seiten mit den Highlights würden genügen. Es eilt auch nicht so sehr. Wenn wir sie in den nächsten zwei Wochen bekämen, wäre das perfekt. Die kleine Gefälligkeit werden Sie uns doch erweisen? Ein Klacks, da täusche ich mich doch nicht in Ihnen?«

»Äh, ja, ich meine nein, natürlich nicht. Aber in dem Umfang und in der Kürze der Zeit …« Monika ist verwirrt und weiß nicht, wie sie reagieren soll. Auf keinen Fall will sie den gerade erst zurückgewonnenen Kunden verärgern.

»Dann geht das also klar? Ich freue mich auf die weitere Zusammenarbeit mit Ihnen. Endlich mal eine Agentur, die nicht für jeden kleinen Handschlag überzogene Honorarforderungen stellt.«

Ehe Monika sich's versieht, hat sie zugesagt. Für schwierige Kunden tut man eben einiges. Erst als sie aufgelegt hat, wird ihr bewusst, dass Herr Fuchs es geschafft hat, ihr ohne jegliche Vergütung ein Projekt von mehreren Tagen Arbeit aufzuhalsen. Einfach so nebenbei macht man keine gute Broschüre. Blöderweise hat sie zugesagt und wird nun unbezahlte Überstunden machen dürfen. Wie konnte das bloß passieren? Sie wollte doch nie wieder auf so etwas hereinfallen.

Nehmen wir also zusammen mit Monika Anlauf für die letzte große Hürde bei der Überwindung der Harmoniesucht: Manipulationsversuche. Wie wehrt man sie effektiv ab? Leider gibt es viele Menschen, die versuchen, ihre Ziele durch Manipulation zu erreichen. Und etliche von ihnen sind echte Virtuosen, die einen mit rhetorischem und psychologischem Feuerwerk blenden – und schneller über den Tisch ziehen, als man Nein sagen kann. Dabei darf man nicht jedem von ihnen Bösartigkeit unterstellen: Manipulationen laufen oftmals unbewusst ab.

Aber mit Ihnen nicht mehr! Lassen Sie sich nicht mehr auf diese Spielchen ein, und greifen Sie zu wirksamen Abwehrmitteln. Bei der Abwehr von manipulativen Attacken ist es übrigens egal, ob jemand absichtlich versucht, Sie auszutricksen oder ob er seine Manöver instinktiv einsetzt. Die Gegenstrategie ist in beiden Fällen die gleiche.

Das blökende Schaf oder: Nein zu Manipulation!

Es gibt einige Schutzmechanismen, mit denen man sich gegen Manipulationsversuche wehren kann. Wichtig bei allen Abwehrstrategien ist, dass das Gesicht des Gegenübers gewahrt bleibt. Lassen Sie ihm ein Hintertürchen offen. Ihn der miesen Manipulation zu überführen und zu bezichtigen, mag vielleicht Ihr Rachebedürfnis befriedigen. Es belastet die Beziehung aber sehr. Ihnen ist es doch auch lieber, wenn Sie nicht öffentlich bloßgestellt werden, wenn eine Ihrer kleinen Lügen aufgeflogen ist, oder? Noch schlimmer ist es, jemanden bloßzustellen, wenn er Sie nicht absichtlich manipulieren wollte, sondern nur auf seine unbewussten, erfolgreichen Verhaltensmuster zurückgegriffen hat. Sanftes, aber wirkungsvolles Aushebeln unguter Verhaltensmechanismen ist also die Devise.

Was hätte Monika tun können, um sich gegen den listigen Marketingleiter zu wehren? Die folgende grundsätzliche Strategie zur Abwehr von Manipulationen hätte sie wirksam geschützt:

1. Reagieren Sie erst einmal gar nicht Alles, was Sie sagen, kann gegen Sie verwendet werden: Dieser aus Krimis wohlbekannte Satz ist die Leitmaxime guter Manipulatoren. Liefern Sie ihnen also keine zusätzliche Munition. <u>Machen Sie besser erst einmal eine Pause und schweigen Sie, bevor Sie reagieren. Reden Sie sich nicht um Kopf und Kragen.</u> Denken Sie erst einmal in Ruhe nach, und versuchen Sie zu durchschauen, was gerade passiert.

2. Unterdrücken Sie Ihren Antwortreflex Wir sind im Rahmen unserer Erziehung auch mit den Grundregeln der Höflichkeit vertraut gemacht worden. Eine davon ist, dass man auf Fragen immer antwortet. Eine riskante Angewohnheit, wenn ein Manipulator Sie in der Mangel hat. Er wird Ihnen nämlich bevorzugt Fragen stellen, auf die Sie nur eine für Sie fatale Antwort geben können. Kennen Sie diese amerikanischen Gerichtsfilme? *Angeklagter, haben Sie endlich aufgehört, Ihre Frau zu schlagen?* Egal, was der Bedauernswerte antwortet, er gibt sowohl mit einem Ja als auch mit einem Nein zu, dass die darin enthaltene Unterstellung wahr ist. *Na, bist du endlich von deinem Ego-Trip wieder runter? Haben Sie Ihr Profilierungsbedürfnis jetzt befriedigt? Wie gehen Sie mit Ihrem Neid auf die Gehaltserhöhung des Kollegen um? Ist es ein großes Hindernis in Ihrem Job, wenn man so begriffsstutzig ist? Wann hast du erkannt, dass die neue Mode deine figürlichen Mängel noch betont? Kann ich jetzt wieder vernünftig mit Ihnen reden?* Solche Fragen unterstellen Ihnen etwas Nachteiliges. Der beste Ausweg aus diesen Manipulationsfallen: Antworten Sie nicht! Es gibt kein Gesetz, das Sie zur Antwort verpflichtet – auch das der Höflichkeit gilt nicht in einem Falle, in dem Ihnen aus Ihrer Antwort ein Strick gedreht werden soll. Wenn Sie es doch tun, schlucken Sie damit die negative Vorannahme und Ihr Gegner triumphiert. Auch Suggestivfragen sollten Sie elegant ignorieren. Herr Fuchs war hierin ein Meister: *Die kleine Gefälligkeit werden Sie uns doch erweisen? Ein Klacks, da täusche ich mich doch nicht in Ihnen?* Lächeln Sie, und antworten Sie einfach nicht.

3. Sprechen Sie den Trick an, wenn Sie ihn erkannt haben
Sobald Sie erkannt haben, welchen Trick Ihr Gegenüber bei Ihnen anwenden will, können Sie ihn ganz leicht aushebeln, indem Sie ihn nett verpackt ansprechen. Eine unterschwellige Strategie funktioniert nämlich nicht mehr, sobald sie ans Licht des Bewusstseins gezerrt wurde. Die Art der Formulierung ist einfach: Ich hätte fast gedacht, Sie ..., aber das kann ja nicht sein, oder? Sie beschuldigen damit den anderen nicht direkt und lassen ihn sein Gesicht wahren – das Hintertürchen. Geben ihm aber dennoch deutlich zu verstehen, dass Sie den Versuch durchschauen und nicht darauf hereinfallen werden.

Ist das nicht auch eine Form der Manipulation? Schon möglich – Notwehr ist aber seit Urzeiten sogar gesetzlich erlaubt. Sie wollen ja nicht auf dem Niveau weitermachen, sondern sich lediglich gegen unfaire Übergriffe wehren. Bei vielen Menschen reicht das Ansprechen des Tricks schon aus, um sie wieder zurück auf den Pfad der ehrlichen, offenen Kommunikation zu lenken.

Das hätte Monika Herrn Fuchs charmant fragen können: »Einen winzigen Moment lang dachte ich, Sie wollten mich durch Komplimente und Schmeicheleien einwickeln – aber das kann doch nicht sein, oder?«

Herr Fuchs hätte dann zwei Reaktionsmöglichkeiten gehabt: »Bingo, da muss ich ja wohl noch üben, wenn ich so leicht zu durchschauen bin.« Danach hätte er wahrscheinlich mit seinen Manipulationsversuchen aufgehört. Oder aber: »Nein, kein Gedanke! Das würde ich doch nie tun.« Dann hätte er sich unter Umständen seinen nächsten Schachzug überlegt – dieser jedenfalls wäre nicht mehr gegangen.

Mit dieser Grundsatzstrategie kommen Sie schon sehr weit. Um den Trick ansprechen zu können, müssen Sie ihn allerdings erst einmal erkennen. Damit Sie darin richtig firm werden, nehmen wir nun die beliebtesten Kunststückchen der Manipulation unter die Lupe. Und entwickeln jeweils maßgeschneiderte Abwehrstrategien.

Der schnaubende Stier oder: Nein zu Aggression!

Manipulation durch Aggression – das ist die Devise der schnaubenden Stiere. Einschüchterung, Verbalattacken, eiskaltes Niedermachen, ruppige Sturheit, subtile Drohungen, abschätzige Ignoranz sind ihre Waffen, die bei ihnen, durchaus elegant, zum Einsatz kommen. Ihr Grundgedanke bei der Abwehr sollte sein: Bangemachen gilt nicht! Lassen Sie sie schnauben und toben, die wenigsten versuchen ernsthaft, Sie aufzuspießen. Sollten Sie allerdings auf einen der wenigen Stiere mit so geringer Selbstkontrolle geraten, dass er in einer erregten Situation tätlich wird, helfen alle verbalen Strategien nicht viel: Wie bei einem echten Stier sollten Sie schleunigst das Weite suchen und seine Gesellschaft in Zukunft möglichst meiden.

Oft ist es jedoch nur viel Getöse mit wenig Substanz, aber die Taktik funktioniert gut. Viel zu viele Menschen – besonders die Harmoniebedachten – lassen sich davon einschüchtern.

Es ist nicht einfach, bei beleidigenden Attacken ruhig zu blei-

Der schnaubende Stier oder: Nein zu Aggression!

ben. Es ist aber dringend zu empfehlen, denn Sie können sicher sein, dass Sie das Spiel nicht annähernd so gut beherrschen wie Ihr schnaubendes Gegenüber.

Da hilft eine innere Einstellung weiter: Gehen Sie dem bedauernswerten Stier gegenüber in die »Arme-Socke-Haltung«. Machen Sie sich klar, dass ein Mensch, der so aggressiv durchs Leben trampelt, eher Ihr Mitleid und Verständnis braucht. Er macht sich sein Leben selbst schon schwer genug – echte Freunde und Freude dürfte er nur wenige haben.

Eine weitere hilfreiche Perspektive ist die des distanzierten, amüsierten Zuschauers: Lehnen Sie sich innerlich zurück, und freuen sich über die tolle Show, die Ihnen da geboten wird. Sie selbst brauchten mindestens fünf Jahre teuren Schauspielunterricht, um einen Wutausbruch so toll hinzukriegen wie der Stier. Hier wird Ihnen eine kostenlose Lehrstunde von einem Experten geboten. Die lieben Stiere haben ein beachtliches Arsenal an verschiedenen Angriffswaffen. Erlernen Sie die elegante und wirksame Abwehr ihrer Attacken.

Der Feuer sprühende Vulkan

Stier Sven, Ihr Abteilungsleiter, betritt mit hochrotem Kopf und pulsierender Zornesader auf der Stirn das Büro und sucht nach seinem Opfer. Heute scheinen Sie für ihn in Rot gekleidet zu sein, denn er stürmt auf Sie los:

»Was soll das heißen, Sie können die Auswertung nicht bis morgen Früh machen?« Er fuchtelt mit Ihrem entsprechenden Memo vor Ihrer Nase herum. »Glauben Sie, ich zahle Ihnen Ihr überzogenes Gehalt fürs Fingernägellackieren? Unverschämtheit! Wissen Sie noch, wer hier der Chef ist?« Er knallt Ihnen einen Stapel Unterlagen auf den Tisch.

Sie öffnen tapfer den Mund: »Aber ich muss doch noch ...«

Er unterbricht Sie, drohend über Sie gebeugt: »Ich erwarte die Auswertung von Ihnen noch heute Nachmittag. Tun Sie endlich was für Ihr Geld, und arbeiten Sie zur Abwechslung mal. Wenn die Daten nicht um Punkt fünf auf meinem Schreibtisch liegen, hat das Konsequenzen, darauf können Sie Gift nehmen!«

Und Sie? Greifen zum Telefonhörer, sagen Ihre Termine ab und setzen sich eingeschüchtert an die Auswertung?

Die Strategie

(Präventive) Einschüchterung mit allen Mitteln ist hier die gewählte Waffe. Bedrohliche Mimik und Körpersprache, laute Stimme, emotionales und aggressives Auftreten. Verbale Attacken und Beleidigungen gehören zum Repertoire des Vulkans und sollen jegliche Diskussion samt Widerstand im Keim ersticken.

Abwehr
- Überhören Sie beleidigende Formulierungen. Die Geisteshaltungen Arme Socke oder Tolle Show sind da sehr hilfreich.
- Atmen Sie tief durch, und aktivieren Sie Ihre innere Stärke.
- Nehmen Sie eine selbstbewusste Körperhaltung ein, und halten Sie festen Blickkontakt. Sprechen Sie entschieden und energisch, in kurzen und knappen Sätzen.
- Zeigen Sie inhaltlich und emotional Verständnis: »Ich weiß, dass es dringend ist und Sie sauer über die Verzögerung sind.«
- Legen Sie harte Fakten auf den Tisch: Es stimmt schließlich, dass Sie bereits total überlastet sind.
- Bleiben Sie hartnäckig und standhaft.
- Wenn im Moment gar nichts geht, gönnen Sie dem Feuer sprühenden Vulkan eine Pause zum Abkühlen, und sprechen Sie das Thema später wieder an.
- Todsünde: nachgeben. So konditionieren Sie Ihr Gegenüber nur darauf, die Strategie bei Ihnen wieder auszuprobieren, da sie so einfach und erfolgreich war. Das Einzige, was hilft, ist Ihre eigene Stärke zu zeigen, um ihm Respekt abzunötigen.

Der arrogante Eisblock

Vor zwei Wochen haben Sie Ihrer Freundin Sandra einen DVD-Player abgekauft. Der ist jetzt schon defekt. Sie reklamieren bei einem Abendessen mit ihr, dass Ihnen das ein wenig zu kostspielig sei. Stierin Sandra scharrt mit den Hufen. Sie fühlt sich gut in Form und bereitet sich auf ihre Attacke vor. Sie nimmt einen Schluck Wein, zieht elegant eine Augenbraue hoch und sagt etwas süffisant zu Ihnen:

»Ich frage mich, meine Liebe, wieso du glaubst beurteilen zu können, dass der Preis für das Gerät unangemessen war.«

Sie antworten verärgert: »Ein gebrauchtes Gerät, das nach zwei Wochen defekt ist, ist ja wohl auf jeden Fall zu teuer.«

Stierin Sandra entgegnet Ihnen in abschätzigem Ton: »Meines Wissens hast du es bis heute nicht geschafft, ihn richtig zu programmieren. Nimm mir meine Anmerkung nicht übel, Süße, aber dir geht jeder technische Sachverstand ab. Ich möchte so eine Lappalie nicht länger mit jemandem diskutieren, der von modernen Medien keine Ahnung hat. Wie findest du übrigens meine neuen Schuhe?«

Noch geben Sie nicht auf: »So viel mehr verstehst du doch auch nicht davon. Komm mal von deinem hohen Ross herunter und lass uns vernünftig reden. Ich möchte nämlich, dass du die Reparatur übernimmst.«

Eisblock Sandra erstarrt und zieht die Augenbraue erstaunlicherweise noch höher. »Könnten wir diese unerquickliche Diskussion bitte beenden? Du hast es geschafft, ein Gerät in zwei Wochen zu ruinieren, das bei mir zwei Jahre lang bestens funktioniert hat. Es liegt doch auf der Hand, dass es nicht an dem Gerät gelegen haben kann. Gehst du nächste Woche auch auf die Vernissage in Mircos neuer Galerie?«

Tatsächlich war die Funktionsweise des Geräts ein Buch mit sieben Siegeln für Sie, Bedienungsfehler können Sie nicht ausschließen. Und wenn er bei Sandra wirklich immer einwandfrei funktioniert hat ... Sie beschließen, zumindest nie wieder etwas von Stierin Sandra zu kaufen und schlucken Ihren Ärger hinunter.

Die Strategie

Der arrogante Eisblock wird selten laut. Er scheint immer kühl und distanziert über der Sache zu stehen, während er Ihnen vermittelt, dass Sie weit unter ihm stehen. Er benutzt jedes Mittel, um Ihr Selbstbewusstsein zu untergraben und in Ihnen Zweifel an der Rechtmäßigkeit Ihres Standpunktes zu wecken. Haushoch überlegen belächelt er Ihre dilettantischen Versuche, ihm standzuhalten.

Abwehr
- Bleiben Sie ruhig. Das hilflose Ausagieren von Emotionen ist genau das, was er will. Das ist ein willkommener Anlass, um Sie ins Unrecht zu setzen.
- Das wichtigste und effizienteste Abwehrmittel: Ignorieren Sie einfach die arrogante Haltung, und kommunizieren Sie sachbezogen von gleich zu gleich. Die Strategie ist nicht so einfach, aber Sie zeigen dem arroganten Eisblock damit, dass

seine Waffe stumpf geworden ist. (Gerade schüchterne Menschen wirken übrigens oft arrogant, da sie ihre Schüchternheit überkompensieren, es aber gar nicht so meinen.)
- Stimmen Sie zu, dass es möglicherweise so sein könnte, wie Ihr Gegenüber behauptet, und fahren Sie beharrlich <u>Ihre Wiederholungsschleifen bei Ihrer Forderung</u>.

Der professionelle Ankläger

Stier Stefan hört Ihnen aufmerksam zu und schnaubt durch die Nüstern, als Sie ihm, ein wenig emotional, zum hundertsten Mal erklären, dass Sie keine Hotelangestellte sind und nicht gedenken, ihn weiterhin von vorne bis hinten zu bedienen.

Er soll sich sein Bier gefälligst selbst aus dem Kühlschrank holen.

Sie pfeffern ihm gleich noch die Bedienungsanleitung für die Waschmaschine hin, die er bedächtig durchblättert. Dann blickt er auf und holt zum Gegenschlag aus:

»Du willst doch wohl nicht ernsthaft über das bisschen Wäsche mit mir diskutieren? Ich dachte, wir hätten eine faire Regelung. Ausgerechnet du, die du dir auf meine Kosten ein verdammt gemütliches Leben gönnst. Darf ich dich daran erinnern, dass du dich in den letzten Jahren kein einziges Mal um die Wartung unseres Autos gekümmert hast? Und wer macht die Steuererklärungen und verdient – ganz nebenbei bemerkt – den Löwenanteil unseres Einkommens? Und wann hast du das letzte Mal den Garten in Arbeitskleidung betreten, nicht nur im Sonnenbikini? Wann bist du denn mal bereit, dich an den wirklich wichtigen Themen zu beteiligen?«

»Bei der Gartenarbeit konnte ich nicht helfen, weil ich Rückenprobleme hatte – das weißt du ganz genau«, erwidern Sie hitzig.

»Ach ja? Im letzten Urlaub war die Bergtour für dich kein Problem ...«

Sie sehen sich unversehens auf der Anklagebank sitzen und verbringen die nächste halbe Stunde damit, sich vehement gegen die Vorwürfe zu verteidigen. Während die Vergehen von Stier Stefan irgendwie gar keine Rolle mehr spielen ...

Die Strategie

Der Spieß wird durch ein Feuerwerk an Ablenkungsmanövern und Gegenbeschuldigungen einfach umgedreht – fantastisch, wenn sogar etwas dabei ist, das ansatzweise stimmt. Die Beschuldigung kann man dann so lange aufbauschen und mit Wichtigkeit versehen, bis das ursprüngliche Thema völlig in Vergessenheit geraten ist. Zur Not tun es aber auch halb erfundene Vorwürfe. Hauptsache, der Kriegsschauplatz wird verlagert, und der andere steht völlig verwirrt unter Beschuss.

Abwehr

- Gehen Sie nicht auf die ablenkenden Themen und Gegenvorwürfe ein.
- Rechtfertigen Sie sich nicht – genau da wollte der professionelle Ankläger Sie haben: in der Defensive, auf der Anklage-

bank. Sollte einer der Gegenvorwürfe tatsächlich stimmen, geben Sie es ruhig zu, aber bestehen Sie darauf, erst einmal mit Ihrem Thema fortzufahren. Und: Selbst wenn Sie den gleichen Fehler gemacht haben wie er, haben Sie immer noch das Recht, ihn deswegen zur Rede zu stellen. Deshalb ist er nicht automatisch aus dem Schneider.
- Bieten Sie an, später auch über seine Kritikpunkte zu reden, nachdem Sie Ihr Thema abgeschlossen haben. <u>Nacheinander, nicht durcheinander ist die angemessene Abwehr gegenüber dem Ankläger-Stier.</u>

Der moralische Pharisäer

Stierin Susanne setzt ein enttäuschtes Weltschmerzgesicht auf und poliert ihren Heiligenschein, der kokett ihre Hörner krönt. Sie haben ihr gerade erklärt, dass Sie nach reiflicher Überlegung beschlossen haben, bei der Wahl zum Elternbeirat Herrn Müller – und nicht ihr – die Stimme zu geben. Mit Entrüstung in der Stimme greift sie frontal an:

»Das hätte ich nie von dir gedacht. Dass du mir so in den Rücken fällst! Das grenzt ja an Verrat. Dass dir Solidarität und Zusammenhalt unter Frauen so gar nichts gilt, hätte ich nicht geglaubt. Schämst du dich denn nicht, deine Geschlechtsgenossinnen so im Stich zu lassen? Ich dachte, ich wäre deine beste Freundin.«

Stammelnd beginnen Sie, sich zu rechtfertigen und Erklärungen abzugeben: Sie hätten das doch gar nicht so gemeint, selbst-

verständlich würden Sie unter diesem Aspekt Ihre Entscheidung
noch einmal überdenken ...

Die Strategie

Vehement vorgebrachte moralische Entrüstung, zumal noch in
Verbindung mit Selbstgerechtigkeit, ist ein wirksames Mittel,
Ihnen ein schlechtes Gewissen zu machen. So machen Sie möglichst von selbst einen Rückzieher. Diese Stiere haben oft ein gutes Gespür, wo die empfindlichen Punkte des Gegenübers sitzen.
Und genau dorthinein stoßen sie ihr Horn; häufig reicht ein einziger, gut gezielter Stoß.

Der gewünschte Effekt: Sie fühlen sich ihnen moralisch unterlegen, Ihr innerer Kritiker läuft Amok und zerfleischt Sie besser,
als jeder Stier es könnte.

Abwehr
- Greifen Sie zur Keule, und schicken Sie als Allererstes Ihren inneren Kritiker ins Koma. Machen Sie sich klar, dass es keinen Grund für ein schlechtes Gewissen gibt – der andere will Sie einfach nur manipulieren.
- Hören Sie aufmerksam zu, und zeigen Sie Verständnis. Das kennen Sie ja schon: Verständnis dafür, dass man es möglicherweise so sehen kann und Verständnis für die daraus resultierenden negativen Gefühle.
- Drücken Sie Ihr Bedauern darüber aus, dass der andere es so sieht.
- Erklären Sie ein einziges Mal, warum Sie diesen Standpunkt

haben, und dass es nicht Ihre Absicht war, den moralischen Pharisäer zu enttäuschen oder zu kränken.
- Bleibt der andere bei seiner Interpretation, so bleiben Sie trotzdem, wenn auch bedauernd, bei Ihrem Standpunkt. Sagen Sie noch einmal abschließend, dass es Ihnen leidtäte, wenn der andere sich durch Sie verletzt fühlt.
- Gehen Sie nicht noch einmal auf die Unterstellungen und Bewertungen ein.

Der Besserwisser

Stierkalb Sebastian hat seine Hufe frisch poliert und die Hörner nachgespitzt.

Er tänzelt ungeduldig vor Ihnen herum, als Sie ihm erklären, dass Sie den übermäßigen Verzehr von Fastfood bei 14-Jährigen nicht gutheißen und auch nicht bereit sind, dafür sein Taschengeld zu erhöhen. Noch etwas ungeschickt und tapsig, aber doch schon recht treffsicher überrennt er Sie mit donnernden Hufen:

»Mama, das ist ja voll uncool. Nur weil es in deiner Jugend noch keine Hamburger gab, soll ich jetzt leiden. Du glaubst, dein selbst gekochtes Essen ist supergesund – dabei trieft es nur so von ekligem Fett. Immer mehr Hamburgerläden bieten cholesterinfreies, fettarmes und zuckerfreies Essen mit frischen Zutaten an, das weiß doch jeder. Also, was ist jetzt? Zehn Euro mehr pro Woche brauche ich schon.«

Sie liegen noch nicht ganz am Boden: »Wie bitte? Das kann ja wohl nicht stimmen. Ich glaube einfach, dass frisches Gemüse gesünder für dich ist als Hamburger.«

Er wendet im vollen Galopp und geht erneut auf Sie los: »Unterstellst du mir jetzt auch noch, dass ich lüge? Du kannst ja selbst im Internet nachlesen: So ungesund ist das überhaupt nicht mehr. Und bitte, wenn du mich bei meinen Freunden lächerlich machen willst, weil ich zu Hause brav von Mamis Breichen essen muss, dann tu's doch. Du weißt doch gar nicht, wie oft ich dort esse und wofür ich mein Geld ausgebe. Du bist doch nie da!«

Sie müssen leider zugeben, dass Sie beruflich bedingt viel unterwegs sind, sich im Internet nicht so gut auskennen und ihn natürlich nicht bei seinen Freunden lächerlich machen wollen. Sie schaffen es gerade noch, die geforderte Taschengelderhöhung auf fünf Euro zu drücken. Die Summe, die Stierkalb Sebastian sowieso erreichen wollte.

Die Strategie

Der Besserwisser stellt – am liebsten in einem üppigen Redeschwall – jede Ihrer Aussagen infrage und behauptet, dass alles ganz anders ist. Sie sind im Unrecht, basta. Am liebsten erklärt er damit die Diskussion für beendet und seinen Standpunkt als erwiesen. Wenn Sie so unklug sind, seine Argumente und sein Halbwissen in Zweifel zu ziehen, schwingt er entrüstet die Glaubwürdigkeitskeule: Sie wollen ihn doch wohl nicht auch noch der Lüge zeihen?

Abwehr
- Wenn es um Fakten geht, fordern Sie Beweise oder Zeugen, und lassen Sie sich die Quellen seiner Informationen nennen. Sitzen Sie die Diskussion so lange aus, bis feststeht, wer wirklich Recht hat.
- Wenn es um Meinungen und subjektive Einschätzungen geht, zeigen Sie auf, dass jeder das Recht auf seinen eigenen Standpunkt hat – der Besserwisser genau wie Sie.
- Wirft er Ihnen vor, Sie würden ihn einen Lügner nennen, antworten Sie: »Ich bin überzeugt, dass du glaubst, was du sagst. Ebenso überzeugt bin ich von meinem Informationsstand.« Lassen Sie sich nicht weiter auf eine Glaubwürdigkeitsdiskussion ein. Sie würden sich nur wieder in die Defensive begeben müssen.

Der ängstliche Hase oder: Nein zur Mitleidsmasche!

Manipulation durch Haken schlagende Fluchtmanöver ist die Spezialität der Hasen. Ebenso: Jammern, Tränenströme, Weglaufen, Ablenkungsmanöver, Schmeicheln und Beschwichtigen. Das virtuose Spiel auf dem Gefühlsklavier gehört zu den sanften, aber wirkungsvollen Waffen der Hasen. Erste Abwehrmaßnahme: Bleiben Sie hart. Verschließen Sie für den Moment Ihr weiches Herz, behalten Sie Distanz, und lassen Sie sich nicht in die zweite Perspektive der Empathie locken. Dann sind Sie nämlich

Der ängstliche Hase oder: Nein zur Mitleidsmasche!

verloren. Die größte Falle, in die Sie beim Hasen tappen können, ist übergroßes Verständnis.

Machen Sie sich klar, dass Sie kein Schwerverbrecher sind – auch wenn Sie in anderen negative Gefühle wecken. Egal ob die Tränen oder die Angst echt sind und nicht nur als Manipulationstechniken vorgetäuscht werden: Wenn ein unangenehmes Thema existiert, muss man sich damit auseinandersetzen. Sonst wird es immer schlimmer, und man wird nie eine Lösung finden. Einem kranken Menschen hat es auch noch nie geholfen, nicht zum Arzt zu gehen, nur weil er sich vor der Diagnose fürchtet. Dass es im Leben auch einmal schwierige Momente gibt, werden auch Sie nicht abschaffen können. Wappnen Sie sich also, um auch den Tricks der Hasen widerstehen zu können:

Das überfließende Tränenkrüglein

Häsin Henny sitzt mit hängenden Öhrchen und bebendem Näschen an ihrem Schreibtisch und denkt an frisch geschälte Zwiebeln. Sie stehen zum dritten Mal mit dem immer noch vor Fehlern strotzenden Angebot für einen wichtigen Kunden vor ihr, um sie etwas nachdrücklicher als bisher zu bitten, das Dokument zu korrigieren und in Zukunft bitte sorgfältiger zu arbeiten. Sie schlägt ihren ersten Fluchthaken. Mit großen Augen blickt sie zu Ihnen auf und lässt dramatisch eine Träne ihre Wange herunterkullern.

»Die haben gestern einfach eine neue Version eingespielt. Da ist jetzt alles ganz anders, und dann wollte der Rolf auch noch bis heute Abend ... Wenn dann noch die Tagespost so viel ist wie heute ...« Mittlerweile fließen die Tränen in einem gleichmäßigen Strom, die Stimme bebt und versagt manchmal ganz.

Sie fühlen sich wie ein bösartiger Folterknecht und winden sich in Selbstvorwürfen. »Ist ja schon gut. Tut mir leid, das wusste ich ja nicht. Kümmern Sie sich um die anderen Sachen, ich komme schon klar. Halb so wild.« Verlegen treten Sie den Rückzug an, machen ein paar Überstunden und schreiben Ihr Angebot selbst.

Häsin Henny hat derweil ihren Tränenstrom abgestellt, kurz ihr Augen-Make-up überprüft und widmet sich wieder dem Katalog aus dem Reisebüro.

Die Strategie

Bestechend einfach: Da die meisten Menschen mit Tränen nicht umgehen können, sondern ein schlechtes Gewissen bekommen und sich vor Verlegenheit winden, muss man nur die Fähigkeit erwerben, auf Kommando weinen zu können. Schon ist die Flucht geglückt und das unangenehme Thema vom Tisch.

Abwehr
- Zeigen Sie Verständnis für die Betroffenheit des überfließenden Tränenkrügleins.
- Bieten Sie eine kurze Pause an. Kramen Sie ein Tempotaschentuch heraus, offerieren Sie ein Glas Wasser oder einen Kaffee mit einem Schokoplätzchen. Lassen Sie dem heulenden Elend Zeit, sich auf der Toilette wieder frisch zu machen.
- Fahren Sie dann fort mit Ihrem Thema. Unter Umständen müssen Sie mehrmals eine Pause machen. Wichtig ist, dass dem anderen deutlich wird, dass er weinen kann wie die Niagarafälle – es wird ihm nichts helfen.
- Im Extremfall können Sie das Thema vertagen – aber nur mit einem festen Termin zur Fortsetzung. Es muss dem Hasen ganz klar sein, dass die Flucht durch Tränen nicht gelingen wird.

Egal, ob die Tränen aus echtem Schmerz oder Betroffenheit vergossen werden oder ein effizientes Fluchtmanöver darstellen: Sie dürfen nicht dazu führen, dass Sie deshalb nachgeben und der andere problemlos seinen Willen bekommt. Sie sind ja nicht absichtlich grausam zu Ihrem Gegenüber – Sie tragen nicht die Verantwortung, dass er mit unguten Gefühlen reagiert. Jeder ist für seine Gefühle selbst verantwortlich. Natürlich gibt es Themen, die für Ihr Gegenüber emotional sehr belastend sind, keine Frage. Trotzdem dürfen auch diese deshalb nicht zwingend ein Tabu darstellen. Versuchen Sie in so einem Fall, dem anderen dadurch zu helfen, dass Sie das Thema in kleinere Häppchen aufteilen und mit dem einfachsten Punkt anfangen. Ihr Gegenüber lernt so, dass ein Gespräch über ein kritisches Thema nicht das Ende der Welt bedeuten muss, sondern notwendig ist, um bestehende Schwierigkeiten aus dem Weg zu räumen. Und die harmonische Beziehung sicherzustellen.

Wie steht es um Sie selbst? Haben Sie auch nah am Wasser gebaut und fangen bei der geringsten Kleinigkeit an zu heulen wie ein Schlosshund? Und fühlen sich unterlegen, weil Sie es nicht schaffen, cool zu bleiben und sich zu beherrschen? Kein Problem. Natürlich sind auch für Sie Tränen aus echter Betroffenheit möglich und erlaubt. Doch auch wenn Sie selbst zerfließen, können Sie immer noch das sagen, was Ihnen wichtig ist. Weinen muss niemanden davon abhalten, mit dem anderen ehrlich zu kommunizieren, seine Gefühle und seinen Standpunkt mitzuteilen. Tränen sagen ja nichts darüber aus, ob jemand Recht hat oder nicht. Sie sagen nur etwas über die emotionale Betroffenheit aus – und die kann von Mensch zu Mensch unterschiedlich sein.

Abgesehen davon ist das in England so beliebte Ideal der »steifen Oberlippe«, also das Verbergen von Gefühlen um jeden Preis, nicht wirklich erstrebenswert. Ehrlich geäußerte Gefühle gehören zu einer offenen Kommunikation dazu. An diesem Mangel an Offenheit durch falsch verstandene Selbstbeherrschung sind schon viele Beziehungen zerbrochen. Denn Weinen hat nichts mit mangelnder Selbstbeherrschung zu tun. Mangelnde Selbstbeherrschung zeigen Sie allenfalls, wenn Sie Ihre Gefühle ungehemmt ausagieren und zum Beispiel aggressiv oder beleidigend werden. Aber nicht, wenn Sie sie ehrlich zeigen und darüber reden. Wenn Sie also selbst weinen müssen: Machen Sie eine kurze Pause, um Ihre Fassung wiederzugewinnen, denken Sie an etwas Schönes, atmen Sie tief durch und setzen Sie das Gespräch fort.

Kleiner Tipp: Wenn Sie spüren, dass Sie gleich in Tränen ausbrechen werden, dies aber aus irgendwelchen Gründen momentan nicht für opportun halten, gibt es eine wirksame Methode, das Weinen noch zu stoppen. Blicken Sie einige Sekunden an die Decke, und blinzeln Sie dabei ein paarmal. Probieren Sie's aus, Sie werden sehen, dass Sie in vielen Fällen dadurch Ihren Tränenausbruch verhindern können.

Der tapfere Märtyrer

Hase Harry ist auf der Heimfahrt und bereitet sich auf die Ankunft vor. Leider ist er mal wieder viel zu spät dran. Außerdem hat er etliche Dinge, die er erledigen wollte und sollte, nicht geschafft. Nun ja, vielleicht hätte er sie schon schaffen können. Die Schnurrhaare geputzt, die Ohren aufgestellt, betritt er das Wohnzimmer, in dem Sie schon grollend auf ihn warten.

»Guten Abend, Schatz. Gott, bin ich froh, endlich zu Hause zu sein – grauenvoller Tag.« Er gibt Ihnen ein Küsschen. Mit schmerzverzerrtem Gesicht richtet er sich wieder auf und geht schleppend in die Küche.

»Warst du endlich in der Druckerei, Harry? Du hast versprochen, die Einladungen in Auftrag zu geben«, rufen Sie ihm hinterher.

»Gleich Schatz, ich komme sofort«, antwortet er. »Du, wo sind eigentlich meine Migränetabletten? Mir platzt gleich der Schädel, das muss an diesem Wetter heute liegen.« Er kommt mit einem Glas Wasser ins Wohnzimmer zurückgeschlichen, dieses Mal mit leidendem Blick, und reibt sich den Magen. »Mensch, die Druckerei. Du glaubst gar nicht, wie ich mich heute abhetzen musste. Der Auftrag für Bröde wäre fast in die Binsen gegangen. Natürlich musste ich wieder alles allein in Ordnung bringen, wie üblich. Zum Mittagessen kam ich deswegen auch nicht. Haben wir übrigens noch dieses Pulver gegen Sodbrennen? Ach, und dann wollte ich dir noch dieses Buch besorgen, das du so interessant findest, aber bei der Buchhandlung war weit und breit kein Parkplatz. Oh, mein Magen. Ich glaube, ich muss mich erst einmal etwas hinlegen, sei nicht böse ...«

Mit diesem Haken hoppelt er ungeschoren davon. Seine wundersamen Migräneanfälle kennen Sie schon. Wenn er seine Ruhe nicht bekommt, können sie Tage dauern. Also werden Sie den Druckereibesuch morgen wohl in Ihren übervollen Terminkalender quetschen müssen.

Die Strategie

Demonstratives Leiden erfüllt bestens den Zweck, beim anderen Mitleid zu wecken. Jemandem, der in einem so jämmerlichen Zustand ist und diesen auch noch heroisch erträgt, kann man doch nicht noch weitere unangenehme Sachen aufladen, oder? Rücksichtnahme und Vertagen des Themas sind das Mindeste, was jetzt von Ihnen erwartet wird. Wenn diese Taktik oft genug angewendet wird, erledigt sich alles Unangenehme irgendwie von selbst.

Abwehr
- Zeigen Sie Mitgefühl für das schwere Los des tapferen Märtyrers.
- Sprechen Sie Ihr Thema trotzdem beharrlich an, immer wieder Verständnis für die traurige Lage des anderen demonstrierend.
- Drücken Sie Ihre Neugier aus, auf welche Weise der andere es hinkriegen wird, sein Versprechen zu halten und seiner Verantwortung gerecht zu werden. Aber kommunizieren Sie deutlich, dass Sie genau das erwarten, schweres Los hin oder her.
- Wenn alles nichts hilft: Glauben Sie ihm vorgeblich all seine Leiden und Schwierigkeiten, nehmen Sie sie ernst, und zeigen Sie Hilfsbereitschaft, das Problem für den anderen zu lösen. Vereinbaren Sie einen Termin für ihn bei einem Kopf- und Magenspezialisten, bieten Sie an, seinen tyrannischen Chef anzurufen oder sich für ihn bei seinen faulen Kollegen zu be-

schweren. Die Wirkung: Der andere muss damit rechnen, dass sich aus seinem Bluff für ihn Handlungskonsequenzen ergeben, die er nie gewollt hat.

(Natürlich könnte man das auch als einen manipulativen Ansatz sehen – aber eigentlich zeigen Sie dem anderen dadurch, dass er für seine Handlungen die Konsequenzen tragen muss und vorgetäuschtes Leiden ihn nicht davor bewahrt. Er kann also entweder die Folgen seines Bluffs in Kauf nehmen oder sich seiner Verantwortung stellen.)

Der charmante Schmeichler

Häsin Heike hoppelt die letzten Schritte zu Ihrer Wohnung hinauf und klingelt an Ihrer Tür. Als Sie öffnen, säuselt sie:
»Toll, dich zu sehen. Ich freue mich schon so auf unser Klassentreffen!« Sie schleudert ihre Schuhe von den Füßen und wirft sich auf Ihr Sofa. »Wer wohl alles kommen wird? Und ob sie sich sehr verändert haben, was meinst Du?«
Sie haken gleich ein. »Wer kommen wird, wirst du als Erste erfahren, meine Liebe. Du wolltest ja dieses Mal die Organisation übernehmen. Hier, das sind die alten Adressen und Namen, die ich noch vom letzten Treffen habe. Du musst sie aber noch prüfen. Und kümmere dich auch um die Reservierung in einem …«
Häsin Heike ist fluchtbereit: »Das Lokal, das du ausgesucht hattest, war Spitzenklasse, das fanden alle. So eine tolle Location

würde ich niemals finden. Für so etwas hast du einfach das bessere Händchen. Und erst deine Ansprache! Das muss man erst mal hinkriegen. Ich würde nur jämmerlich herumstottern. Aber du mit deinem Esprit und deiner Eloquenz. Und wie hast du noch mal die Adressen herausgefunden? Ich würde sicher einen fürchterlichen Schlamassel beim Organisieren anrichten.«

Geschmeichelt blicken Sie in Heikes erwartungsvolles Gesicht. »Stimmt, das mit den Adressen hat super geklappt. Vielleicht ist es wirklich besser, wenn ich mich um diesen Teil kümmere. Dann werden alle rechtzeitig informiert. Du könntest dir ja die Ansprache überlegen.«

Einen Haken braucht es noch, damit die Flucht vollständig glückt: »Ja, klar. Aber ich bin derartig unbegabt für so etwas. Sag mal, kann ich deine Rede vom letzten Mal haben? Wenn ich die ein bisschen umbastele – das merkt doch keiner. Ich bin leider eine völlige Niete, nicht so ein Ass wie du.«

»Na gut, wenn es dir so schwer fällt. Ich hätte sogar schon ein paar Ideen. Lass mal, ich mach das schon.«

Zufrieden trinkt Häsin Heike einen Schluck Prosecco und blickt Sie hemmungslos bewundernd an. Komisch, wieso ist wieder einmal alles an Ihnen hängen geblieben?

Die Strategie

Die charmanten Schmeichler nutzen eine uralte menschliche Erkenntnis: Es gibt wenige Menschen, die nicht gerne etwas Positives über sich hören und sich von Komplimenten und Schmeicheleien nicht einlullen ließen. Selbst wenn die sehr dick aufgetragen werden, möchten wir sie zu gerne glauben. Wenn der Schmeichler zudem seine eigenen Fähigkeiten herabsetzt, strahlt unser Licht umso heller. Und wenn man selbst so toll und der andere so ein armes Würstchen ist, kann man es wirklich am besten selber machen. Flucht gelungen.

Abwehr
- Sagen Sie Danke. Bedanken Sie sich artig für das Kompliment und die Bewunderung des charmanten Schmeichlers.
- Bleiben Sie bei Ihrer Forderung. Die Entgegennahme eines Komplimentes verpflichtet Sie nicht dazu, dem anderen nun seine Aufgabe abzunehmen.
- Wenn der Schmeichler anmerkt, dass er es nie so virtuos wie Sie hinkriegen würde, ermuntern Sie ihn, es einfach mal auszuprobieren. Denn wenn er es nie übt, wird er es auch nie zu Ihrer Meisterschaft bringen.
- Bleiben Sie wachsam: Halten Sie Ihren eigenen Ehrgeiz und den Wunsch nach weiterer Anerkennung in Schach, indem Sie sich immer wieder klarmachen, dass das zwar eine angenehme, aber eben doch eine Manipulation ist.

Der viel beschäftigte Ablenker

Hase Hans sitzt mit gesträubtem Fell am Schreibtisch und hämmert auf seine Tastatur ein. Sie betreten freundlich lächelnd sein Büro und legen ihm Ihre Personalakte hin.

»Wie schön, dass Sie heute Zeit für unser Mitarbeitergespräch haben. Sie wissen ja, die bei der Einstellung vereinbarte Gehaltserhöhung ist schon seit drei Monaten fällig«, merken Sie lächelnd an und setzen sich.

»Geben Sie mir noch eine Minute Zeit, ich muss das hier eben noch beenden«, erwidert er und tippt weiter. Sie lassen Ihre Blicke durchs Büro schweifen und bewundern derweil die ausgestellten Diplome.

»So, jetzt bin ich ganz bei Ihnen. Worum ging's noch mal? Ach ja, das leidige Thema Geld.«

Er beginnt mit dem ersten Fluchtmanöver: »Frau Hanke, bitte bringen Sie uns doch einen Kaffee. Und denken Sie daran: Wenn Siebert anruft, stellen Sie ihn unbedingt durch, es geht um den Großauftrag.« Er lässt den Knopf der Gegensprechanlage los und blickt Sie freundlich an. »Na, wo drückt der Schuh?«

»Wir hatten doch bei der Einstellung vereinbart ...«

»Entschuldigen Sie, einen kleinen Moment noch. Ich muss mir eben diesen wichtigen Termin notieren. Aber reden Sie ruhig weiter, ich bin ganz Ohr.«

Während er etwas in seinen Terminkalender eingibt, beginnen Sie von vorne.

Endlich blickt er zerstreut hoch. »Hatten wir das Thema nicht schon vor zwei Wochen? Es ging doch um die Teamprämie. Oder war das Kollege Rolf?«

Hase Hans schlägt noch eine Viertelstunde lang Haken, bis ihn Frau Hanke an den nächsten Termin erinnert, zu dem er ohnehin schon viel zu spät kommen wird.

»Tut mir sehr leid, heute ist ein turbulenter Tag, wie üblich. Lassen Sie sich demnächst von meiner Sekretärin einen neuen Termin geben«, verabschiedet er sich und hüpft mit großen Sätzen davon.

Die Strategie

Durch geschickt geplante Störungen, Ablenkungsmanöver und unaufschiebbare Entscheidungen wird effizient verhindert, dass unangenehme Themen wirklich zur Sprache kommen. Für den Moment ist die Flucht gelungen, und beim nächsten Mal wird dem Ablenker schon etwas Neues einfallen. Dauernder Themenwechsel wäre beispielsweise nicht schlecht oder ein langer Monolog mit philosophischen Betrachtungen.

Abwehr

- Fragen Sie gleich zu Beginn des Gespräches, ob der Termin immer noch passt und Sie beide sich voll konzentrieren können.
- Bieten Sie dem viel beschäftigten Ablenker ein paar Minuten Zeit an, um noch dringende Arbeiten zu beenden. Beginnen Sie vorher nicht mit Ihrem Gespräch.
- Bitten Sie ihn, alle Störungen von außen abzustellen.
- Bitten Sie um volle Aufmerksamkeit. Sollte Ihnen der Ablenker erwidern, er sei multitaskingfähig und könne sehr gut zwei, drei Dinge auf einmal erledigen, sagen Sie eben, dass es ihn vielleicht nicht stören mag, Sie würden davon aber ganz verwirrt.

- Schweigen Sie sofort, wenn er wieder nebenbei etwas anfängt. Selbst wenn er Sie auffordert, weiterzusprechen.
- Wenn an dem Tag gar nichts geht: Vereinbaren Sie einen neuen Termin an einem störungsfreien Ort. Machen Sie klar, dass Sie erwarten, dann auch wirklich ungestört zu bleiben.

Der sanfte Erpresser

Häschen Hannilein blickt mit tränenfeuchten Augen von ihrem Teller auf, in dem sie seit einer Viertelstunde voller Abscheu herumstochert.

»Ich mag eigentlich keinen Spinat«, sagt sie mit schluchzendem Stimmchen, »da tut mir immer der Bauch so von weh.« Tapfer schluckt sie ihre Tränchen herunter, isst vorsichtig eine Gabelspitze voll und schlägt ihr erstes Fluchthäkchen: »Meine Freundinnen müssen keinen Spinat essen, aber ich tu's für dich, Mami. Wenn ich wieder Bauchweh habe, kann ich eben nicht mit zum Spielen. Egal, aber ich hab ja noch nicht mal die Barbieprinzessin.«

Sie würgt noch ein Gäbelchen herunter, während Sie sie besorgt mustern. Es folgt der Endspurt auf der Zielgeraden.

»Ich weiß, dass du noch ein Paar Schuhe brauchst, Mami. Deshalb ist für meine Barbie kein Geld mehr da. Ich muss eben verzichten, weil ich noch so klein bin. Meine Freundinnen haben schon gefragt, warum ich als Einzige noch keine Barbieprinzessin habe. Hast du mich denn überhaupt noch lieb?«

Da Sie als berufstätige Mutter ohnehin dauerhaft ein schlechtes Gewissen haben, machen Sie Ihrem Häschen Hannilein kapitulierend eine Portion Pommes frites mit Ketchup und ziehen dann mit ihr los, um die sündhaft teure Barbieprinzessin zu kaufen. Samt Zubehör.

Die Strategie

Virtuoses Spielen auf der Klaviatur der Gefühle ist das Rezept der sanften Erpresser. Hauptziel ist Ihr schlechtes Gewissen, das auf mehr oder weniger subtile Art und Weise unter Dauerfeuer steht. Hilfreich, edel und gut opfert sich der Erpresser für Sie auf und übt heroischen Verzicht, damit Sie Ihre egoistischen Bedürfnisse befriedigen können. Was Sie am Ende natürlich nicht tun.

Abwehr
- Greifen Sie als Allererstes wieder zur Keule, um Ihren inneren Kritiker ins Koma zu schicken, und machen Sie sich klar, dass es keinerlei Grund für ein schlechtes Gewissen gibt. Auch Ihr Häschen will Sie einfach nur (bewusst oder unbewusst) manipulieren.
- Gehen Sie in die dritte Wahrnehmungsperspektive und beobachten Sie genau, welche Gefühle in Ihnen auftauchen. Suchen Sie nach der Ursache: Durch welche Aktion wurden sie ausgelöst? Sind sie angemessen? Registrieren Sie sie – aber geben Sie Ihnen nicht hemmungslos nach.
- Gehen Sie den wahren Bedürfnissen und Motiven des anderen durch sanftes Fragen auf den Grund. Manche Menschen

nutzen diese Art der Manipulation nämlich, weil sie Angst haben, ihre eigentlichen Bedürfnisse direkt anzusprechen. Helfen Sie ihnen dabei.
- Machen Sie klar, dass die Ablehnung eines Wunsches nicht gleichbedeutend ist mit Liebesentzug oder Undankbarkeit, indem Sie Ihr Nein mit dem Ausdruck Ihrer generellen Wertschätzung verbinden: »Ich habe dich auch ganz doll lieb, mein Häschen, und die Barbiepuppe bekommst du nicht.«

Der schlaue Fuchs oder: Nein zur Gehirnwäsche!

Manipulation durch Gehirnwäsche und rhetorische Tricks – dafür sind die Füchse Experten. Haarspalterei, ein gewaltiges Argumentationsgetöse, pseudologische Begründungen, elegant eingeworfene Killerphrasen, subtile Problemverlagerung, aber auch schlichtes Lügen und Leugnen gehören zu ihrem Arsenal.

Erste Abwehrmaßnahmen: Machen Sie sich und dem schlauen Fuchs klar, dass rhetorische Überlegenheit nicht bedeutet, dass man auch inhaltlich Recht hat. Zwei und zwei bleiben vier, egal, wie elegant der andere seine Fünf als richtige Lösung verpackt. Seien Sie begriffsstutzig, wenn Sie merken, dass der Fuchs Sie mit seinen gedrechselten verbalen Kunstwerken verwirrt, und bitten Sie ihn, seine Aussage simpel auszudrücken, damit Sie folgen können – Sie, das schlichte Gemüt. Dadurch berauben Sie ihn seiner schärfsten Waffe.

Der killende Phrasendrescher

Füchsin Franziska hat sich bestens auf das Meeting vorbereitet und betritt den Konferenzraum. Sie bleckt siegesgewiss die spitzen Zähnchen und wartet auf die Eröffnung der Jagd. Sie beginnen die Diskussion:

»Heute wollten wir endgültig entscheiden, welches der neuen Entlohnungssysteme wir umsetzen wollen. Das letzte Meeting hat gezeigt, dass es auf die Variante mit dem flexiblen Gehaltsanteil hinausläuft. Wir müssten dann nur noch die Einzelhei...«

Füchsin Franziska springt los. »Moment noch, bitte. Ich möchte nur noch einmal sichergehen: Wollen Sie ernsthaft eine sogenannte flexible, leistungsorientierte Komponente einführen?

Das müssten Sie sowieso erst einmal näher definieren. Glauben Sie mir als Expertin, das hat doch noch nie funktioniert. Damit werden doch nur Faulenzer und Trittbrettfahrer gefördert werden. Das zeigen auch sämtliche Gutachten von Herrn Professor Doktor Schwangau-Hinterstein vom Institut für Progressiv-lähmende Unternehmensdynamik in der Schweiz. Das können wir doch weder verantworten noch verhindern.«

Sie haben ein paar Federn gelassen. Diesen berühmten Professor aus der Schweiz kennen Sie gar nicht. Haben Sie womöglich etwas Wichtiges übersehen? Tapfer kontern Sie: »Ich glaube, dass wir durch die Vereinbarung klarer Leistungsziele dieses Problem in Schach halten können.«

Füchsin Franziska ist im Blutrausch und schnappt wieder zu: »Sie glauben? Das Problem in Schach halten? Nehmen Sie es mir nicht übel: Aber wir sind hier weder in der Kirche noch auf einem Schachturnier. Unsere Aufgabe ist es, Probleme zu lösen und nicht zu erzeugen. Man könnte den Verdacht bekommen, dass Sie aus persönlichem Eigennutz für das System sind. Gott sei Dank kenne ich Sie zu gut, um das ernsthaft zu glauben.«

Sie bekommen einen hochroten Kopf, denn im Gegensatz zu Füchsin Franziska würden Sie tatsächlich von dem neuen System profitieren.

Jetzt kommt der letzte Biss in die Kehle des hilflos zappelnden Opfers: »Ich schlage zum Wohle unseres Unternehmens vor: Wir bleiben bei dem bewährten System, bis wir den unwiderlegbaren Beweis haben, dass das neue System keinen Schaden anrichtet. Wenn hier jeder mit dermaßen riskanten Vorschlägen daherkäme, müssten wir bald Konkurs anmelden. Das ist doch das Gleiche wie damals – denken Sie nur an das Fiasko mit der neuen Gleitzeitregelung!«

Zustimmendes Nicken von allen Seiten zeigt Ihnen, dass Sie verloren haben. Sie treten den Rückzug an, indem Sie zusagen, erst noch eine Studie über mögliche Auswirkungen und Risiken des flexiblen Entlohnungssystems sowie Vorschläge zu deren Minimierung in Auftrag zu geben. Füchsin Franziska leckt sich zufrieden die bluttriefenden Lefzen.

Die Strategie

Viel Verve oder aber subtil vorgebrachte Killerphrasen führen den Gesprächspartner immer wieder auf dünnes Glatteis und lassen ihn dort einbrechen. Manche der Phrasen klingen irgendwie so logisch, dass dem Opfer auf die Schnelle kaum eine Erwiderung einfällt. Es erliegt der geschickten Manipulation, während es noch verzweifelt nach dem Haken an der Sache sucht. Zwei grundsätzliche Methoden im Umgang damit sind hilfreich: Schlichtes Ignorieren oder hartnäckiges Hinterfragen hebeln die Meisten aus. Im Folgenden finden Sie in einer Übersicht verschiedene beliebte Killermanöver – und die dazugehörige Gegenwehr.

1. Manöver: Verweis auf die allumfassende Erfahrung »Glauben Sie mir als Expertin; das hat doch noch nie funktioniert.«

Abwehr
- »Ja, das war in der Vergangenheit möglicherweise so. Zum Glück haben wir aber eine ganz neue Situation.«

- »Ihr Expertenwissen deckt sich leider nicht mit unseren Informationen. Vielleicht sind zu viele Faktoren unterschiedlich.«
- »Ich bin froh, dass Sie das sagen, denn es gibt auch gegenteilige Expertenmeinungen, die wir jetzt sachlich diskutieren sollten.«

2. Manöver: Unwiderlegbare Beweise verlangen »Können Sie unwiderlegbar beweisen, dass das neue System keinen Schaden anrichten wird?«

Abwehr
- »Nein, natürlich nicht, denn Beweise für etwas, das in der Zukunft liegt, gab es noch nie. Wir sind doch alle keine Hellseher. Wir können aber sehr wohl Wahrscheinlichkeiten und Erfahrungen hinzuziehen – und die sprechen alle dafür.«

3. Manöver: Festbeißen in Begriffen und Definitionen verlangen »Wollen Sie ernsthaft eine so genannte flexible, leistungsorientierte Komponente einführen? Das müssten Sie sowieso erst einmal näher definieren.«

Abwehr
- »Mich würde zuerst einmal Ihr Verständnis davon interessieren.«
- »Das können Sie gerne in den Projektunterlagen nachschlagen.«

4. Manöver: Verallgemeinerung von Einzelfällen »Wenn hier nun jeder ... Was glauben Sie wohl, was passieren würde, wenn ich Ihrer Forderung nachkäme?«

Abwehr
- »Keine Ahnung – was denn?«
- »Wieso glauben Sie, dass jeder ...«
- »Es geht aber hier nur um diesen Fall, nicht um hypothetische andere.«

5. Manöver: Abqualifizieren der Aussagen als reine Ideologie
»Sie als eingefleischter Controller mit Ihrem engen Zahlenhorizont können das natürlich nur so einseitig sehen. Ich hingegen als erfahrener Vertriebler ...«

Abwehr
- »Stimmt, ich bin eingefleischter Controller. Das hat mich aber wie Sie noch nie gehindert, auch andere Aspekte ...«

6. Manöver: Abqualifizieren der Aussagen als reine Theorie
»Sie sitzen doch in einem Elfenbeinturm in Ihrer Forschungsabteilung. Das ist alles theoretisches Wunschdenken.«

Abwehr
- »Wie kommen Sie auf so eine Einschätzung unserer Abteilung?«
- »Vielleicht war das früher so, aber wir arbeiten jetzt schon seit zehn Jahren eng mit den Kunden zusammen.«

7. Manöver: Maßlose Übertreibung »Sie können doch nicht die ganze Firma auf den Kopf stellen.«

Abwehr
- »Wie kommen Sie darauf, dass wir das wollen?«
- »Wieso bedeutet diese begrenzte Maßnahme für Sie, dass wir die ganze Firma auf den Kopf stellen?«

8. Manöver: Verwirrung durch akademisches Wortgeklingel
»Aus der progressiven Dekomposition dieses kybernetischen Projektkonzeptes resultieren doch völlig konträre strategische Konklusionen.«

Abwehr
- »Ich habe Sie leider nicht verstanden, bitte erklären Sie es mir noch einmal.« (Möglicherweise mehrfach anwenden, bis der andere verständlich spricht.)

9. Manöver: Generelles Abschmettern der Argumentation
»Ihre Argumentation hat sicher einiges für sich, aber das überzeugt mich alles nicht.«

Abwehr
- »Welche konkreten Punkte überzeugen Sie nicht?«
- »Was würde Sie denn überzeugen?«
- »Wie müsste ein Vorschlag aussehen, den Sie akzeptabel fänden?«

10. Manöver: Unterstellen einer bösen Absicht »Man könnte fast den Verdacht bekommen, dass Sie aus persönlichem Eigennutz so für das System sind.«

Abwehr
- »Stimmt, unter anderem ist der Vorschlag auch für mich positiv. Wie kommen Sie aber darauf, dass das meine Objektivität beeinträchtigt?«

11. Manöver: Opportunistisches Zurechtbiegen von Beispielen »Das ist doch das Gleiche wie damals – denken Sie nur an das Fiasko mit der neuen Gleitzeitregelung!«

Abwehr
- »Das kann man doch nicht mit Gleitzeitregelung vergleichen – da ging es doch um etwas anderes!«
- »Die beiden Projekte unterscheiden sich in den Punkten ...«
- »Die beiden Projekte haben folgende Gemeinsamkeiten ...«
- »Lassen Sie uns das Projekt losgelöst von allen anderen betrachten.«

Gegen killende Phrasendrescher sind Sie nun gewappnet. Doch die schlauen Füchse haben noch weitere Trümpfe in den Pfoten:

Der verantwortungsfreie Problemverweigerer

Fuchs Friedrich schnurrt leise vor sich hin, als Sie sein häusliches Arbeitszimmer betreten.

»Na, Schatz, was gibt's?«

»Ich wollte mit dir über das nächste Wochenende sprechen. Du hattest doch gestern versprochen, dass du endlich einmal da bist und dich um die Kinder und um Oma kümmerst. Also habe ich jetzt die Fortbildung gebucht. Du müsstest Oma am Samstagvormittag abholen und …«

Fuchs Friedrich nimmt Witterung auf, die Zähne leicht gebleckt: »Das tut mir jetzt aber leid für dich, du Arme. Da wirst du wohl absagen müssen, denn ich habe vorgestern meine Teilnahme an dem Golfturnier festgemacht. Du weißt ja, als Präsident des Partnerklubs muss ich da hin.«

Sie fassen es kaum, dass er dort seine Zusage schon gegeben, Ihnen – um Vorwürfen zu entgehen – aber längst versprochen hat, sich um die Familie zu kümmern. »Dann musst du dir wohl etwas überlegen«, fauchen Sie gereizt. »Ich will zu der Fortbildung, die ist wichtig für mich.«

Fuchs Friedrich schnappt zu: »Wie kannst du ohne Rücksprache mit mir dein Seminar buchen! Im Klub haben sie die ganzen Flights eingeteilt, wer mit wem spielt. So schnell kann man das nicht mehr umorganisieren, da fiele das ganze Turnier ins Wasser. Diese Blamage. Nein, tut mir leid, ich kann unmöglich einen Rückzieher machen. Du kannst dein Seminärchen ja auch an einem anderen Wochenende machen. Du zögerst doch seit Monaten damit herum, anstatt Nägel mit Köpfen zu machen.«

Tatsächlich ist es für Sie machbar, das Seminar umzubuchen. Friedrich hingegen würde den Organisatoren durch eine Absage große Probleme bereiten. Und tatsächlich tragen Sie sich schon seit langer Zeit mit dem Gedanken an diese Fortbildung, aber irgendwie hat es nie geklappt. Sie greifen also seufzend zum Telefonhörer, um abzusagen. Fuchs Friedrich trabt zufrieden Richtung Golfplatz. Diese Ausflüge mit der Oma hat er noch nie gemocht.

Die Strategie

»Wem gehört das Problem? Mir doch nicht!« heißt das Spiel dieser schlauen Füchse. Womöglich haben sie es selbst verursacht, weigern sich aber, eine Lösung zu finden und die Konsequenzen zu tragen. Sie lehnen sich zurück und schieben alles auf andere, die dann gefälligst den Schlamassel ausbaden sollen. Diese Strategie wird besonders gerne von Vorgesetzten in Gehaltsverhandlungen gewählt, um Ihre berechtigten Forderungen abzuschmettern. *Das Budget ist leider erschöpft. Schade, Sie kommen zu spät, jetzt habe ich gerade dem Kollegen etwas zugesagt. Die Lage am Weltmarkt, das ominöse allgemeine Gehaltsgefüge, er kann doch nicht jedem ...* Immer liegt es angeblich außerhalb der Macht des verantwortungsfreien Problemverweigerers. Dass er vielleicht keine echten Argumente dagegenhalten kann – oder zu feige oder zu geizig ist –, muss er so nicht zugeben.

Abwehr
- Steigen Sie nicht in das Schlamasselbad, und übernehmen Sie

nicht eine Verantwortung, die nicht die Ihre ist. Zeigen Sie im Gespräch ganz klar den Ursache-Wirkungs-Zusammenhang auf, und machen Sie deutlich, dass Sie nicht die Problembesitzerin sind.
- Fragen Sie nach, was das eine (die Lage am Weltmarkt) mit dem anderen (Ihrer Gehaltserhöhung) zu tun hat.
- Wenn der Problemverweigerer Ihnen wieder in epischer Breite seine großen Schwierigkeiten schildert, fragen Sie ihn nur neugierig, wie er sie zu lösen gedenkt. Sie seien schon ganz gespannt auf seine Ideen.
- Sollte der arme Fuchs sich in ein zu großes Problem hineingeritten haben, dessen Folgen Sie ihm denn doch nicht zumuten wollen, dann verlangen Sie auf jeden Fall für Ihr Entgegenkommen ein paar Gegenleistungen. Ihm muss ganz bewusst werden, dass er in Zukunft seine eigenen Probleme selber lösen muss – und nicht mehr Sie.

Die Nein-Straße zum Sieg

Ihre Freundin, die Füchsin Fanny, greift zum Telefon:
»Na, wie geht's denn immer so? Du, könntest du mir einen winzigen Gefallen tun? Du weißt doch, am Samstag kommt mein Liebster aus Amerika zurück – nach drei Wochen, endlich! Und da wollte ich dich fragen, ob du uns dein Cabrio leihen könntest. Ich möchte ihn am Flughafen abholen und mit ihm am Wochenende einen kleinen Trip nach Italien machen. Du kennst ja meine Gurke – das hält die nie durch. Geht das?«

Sie haben Ihre Freundin richtig lieb, würden ihr aber das teure Cabrio nie leihen – so wie die fährt. »Tut mir leid, Fanny, aber das geht wirklich nicht. Ich brauche es am Wochenende selbst.«

Fanny schlägt ihre Zähne etwas tiefer in Sie hinein. »Wir könnten doch die Autos tauschen. Du willst mir doch nicht mein Wiedersehenswochenende verderben!«

Ihr schlechtes Gewissen rührt sich schon leicht, aber Sie bleiben standhaft: »Natürlich will ich das nicht, aber es geht auf keinen Fall, tut mir leid.«

Ein weiterer Biss: »Ach Mensch, mein Kofferraum ist total vollgestopft. Könnte ich dann wegen des Gepäcks wenigstens mit deinem Auto zum Flughafen fahren, um ihn abzuholen, wenn wir schon nicht nach Italien fahren können? Das ist doch wirklich nur eine Kleinigkeit.«

Sie winden sich, aber nein, Ihr Auto bekommt sie nie wieder! Das haben Sie sich geschworen. »Vergiss es, endgültig nein. Nach Italien könnt ihr doch auch mit dem Zug fahren ...«

Füchsin Fanny setzt zum Sprung an Ihre Kehle an. »Tolle Idee! Aber was mache ich dann mit den beiden Katzen? Im Auto hätten wir sie mitgenommen, aber im Zug ... Könntest du dann wenigstens Mohrle und Susi nehmen? Bitte, sonst fällt alles ins Wasser. Diese Kleinigkeit kannst du mir nicht auch noch abschlagen. Ich bringe sie dann am Freitag vorbei. Super, danke.«

Resignierend sagen Sie zu. Noch etwas konnten Sie ihr schlecht verweigern, nicht wahr? Aber wie Sie die beiden räudigen Katzenviecher hassen! Die werden Ihnen wohl wieder das Sofa verkratzen.

Am anderen Ende legt Füchsin Fanny grinsend auf. Sie wusste doch, dass sie es ohne Tricks nicht noch einmal schaffen würde, Ihnen die Katzen aufzuschwatzen. Die will sie sowieso dauerhaft loswerden, vielleicht bei Ihnen? Und nach Italien zu fahren hatte sie ohnehin nicht vor: Der Baggersee in der Nähe ist mit viel entzückenderen Erinnerungen verbunden.

Strategie

Wieder eine simple, aber hochwirksame Methode: Sie nutzt die Tatsache aus, dass es fast allen Menschen schwerfällt, einem anderen mehrmals hintereinander einen Gefallen zu verweigern, um nicht übermäßig egoistisch zu erscheinen. Also starten sie mit einem eigentlich riesengroßen Wunsch, den der andere mit Sicherheit abschlagen wird. Wenn nicht, umso besser. Es werden kleiner werdende Wünsche nachgeschoben, bis der andere umfällt und Ja sagt – meistens zu etwas, in das er nie eingewilligt hätte, wenn es als erste Bitte geäußert worden wäre. Sie können diese Strategie absolut professionell umgesetzt mit quengelnden Kindern in vollen Geschäften beobachten. Die entnervten Mütter fallen mit schöner Regelmäßigkeit auf ihre kleinen Füchslein herein und kaufen ihnen irgendwann Dinge, die sie nie kaufen wollten.

Abwehr

- Schalten Sie den Ja-Reflex aus: Geben Sie sich innerlich die Erlaubnis, auch 20-mal Nein zu sagen. Sie haben alles Recht dieser Welt und auch die Verpflichtung sich selbst gegenüber,

für Ihr eigenes Wohl zu sorgen und nicht einer schädlichen Manipulation zu erliegen, wenn Sie sie erkannt haben.
- Betrachten Sie jede Bitte isoliert, unabhängig davon, die wievielte es ist. Fragen Sie sich bei jedem Anliegen, ob Sie das wirklich tun oder zugestehen wollen. Wenn nicht, sagen Sie eben ein weiteres Mal freundlich, aber bestimmt Nein.
- Bleiben Sie wachsam – auch Füchse sind hartnäckig und schalten womöglich auf eine andere Strategie um.

Nun sind Sie aber wirklich gefeit gegen die meisten Manipulationsversuche. Wenn Sie das nächste Mal einem dieser netten Tierchen begegnen, lehnen Sie sich ruhig zurück und genießen Sie amüsiert die eleganten Kapriolen, schnellen Haken, kleinen Listen, die virtuos demonstrierte Kraft und die wendigen Manöver. Sie wissen ja nun, dass Sie alles durchschauen und nie wieder darauf hereinfallen werden.

11 Geschafft: Somebody's Darling, nobody's Depp

Monika hat zur Feier des Tages eine Flasche Champagner geköpft und prostet ihrer Freundin Maja und ihrer Schwester Muriel zu. Heute hat sie tatsächlich die Verantwortung für diesen schwierigen Kunden übertragen bekommen und dabei mutig nach einer längst fälligen Gehaltserhöhung gefragt. Sie hat sie auch gekriegt!

Wenn Monika an das Gespräch im Kopierraum zurückdenkt, kann sie heute nicht mehr verstehen, dass sie so lange zugelassen hat, dass andere über ihr Leben bestimmen und sie ausnutzen. Und das nur, weil sie ein falsches Verständnis von Harmonie und Beliebtheit hatte, ihre eigene innere Stärke zu lange auf null gedrosselt und Angst vor allem hatte, was die Beziehung hätte stören können. Jetzt, findet sie, sind ihre Verbindungen zu anderen harmonischer als früher, weil Probleme angesprochen werden und man sie gemeinsam beseitigen kann.

Auch das Verhältnis zu Muriel ist wieder besser, seit sie mit ihr offen über das Thema mit dem Auto und dem schlechten Gewissen geredet hat und keinen heimlichen Groll mehr aufstaut. Muriel war übrigens ganz erstaunt und sagte Monika, sie hätte einfach nur Nein sagen müssen. Sie wisse schließlich selbst, dass man ihr ein vernünftiges Auto eigentlich nicht anvertrauen könne. Sie habe es halt mal probiert ...

Natürlich hat es bei Monikas Entwicklung kleine oder größere Rückfälle gegeben – und wird es immer wieder geben. Aber das gehört zum Lernen dazu und ist in Ordnung. Wenn sie wieder einmal in ihr altes Muster zurückfällt und voreilig Ja sagt, wo sie eigentlich Nein meint, hat sie nun auch den Mut, das zu korrigieren und ihre durch Überrumpelung oder Manipulation hervorgelockte Zusage wieder zurückzuziehen. Den Marketingleiter des Kunden hat sie übrigens noch mal angerufen und ihm mitgeteilt, dass es ihr nicht möglich sei, die Broschüre nebenbei zu schreiben. Manches fiel ihr in der Entwicklung leicht, bei anderen Punkten hat sie sich schwergetan. Da brauchte sie schon etwas Geduld und Langmut mit sich selbst. <u>Aber nachdem sie einmal ihre innere Stärke entdeckt hatte, wusste sie, dass alles nur eine Frage der Zeit und der Hartnäckigkeit ist</u> und es nie ein Zurück geben wird zu Schäfchen oder Wackelpudding! Auf Nimmerwiedersehen.

Nehmen auch Sie sich, am Ende der ersten Etappe Ihrer Reise, ein letztes Mal ein Beispiel an Monika: Feiern Sie Ihre bisherigen Erfolge. Und dann machen Sie sich auf zur nächsten Etappe. So eine Reise dauert lebenslang und ist gespickt mit immer wieder neuen, spannenden, überraschenden und tollen Entwicklungen. Von Herzen gutes Gelingen und viel Spaß dabei!

Register

Abhängigkeit 16, 176
Abhängigkeit, emotionale 26
Ablenker (Abwehr) 238 f.
  –, viel beschäftigter 236 ff.
Ablenkungsmanöver 221, 238
Absicht, subjektive (Krisenmanagement) 200
Abstand 131
  –, (Faustformel) 132
Abwehrstrategien, moderne 19
Aggression 74
  –, Manipulation durch 214
Aggressionstrieb 29
Aggressivität 152
Anerkennung 16, 43, 68, 122, 128
Angst 22, 24, 68, 74, 77 f., 91, 93 ff., 172
Ängste, irrationale 56
Angststörung 92
Ankläger (Abwehr) 221 f.
  –, professioneller 220 f.
Anschuldigungen (Konflikt) 185
Ansprüche, eigene 170
  –, überzogene 41
Anstand 44
Antwortreflex 212
Ärger 74, 78, 174
Argumentationsgetöse 241
Arme, Hände und (Übung) 133
Assoziation 107
Atemübung 134
Atmung (Übung) 133

  –, hektische 132
  –, natürliche 134
Attacken, manipulative 210
Aufforderungen, versteckte 139
Aufmerksamkeit 167
Aufrichtigkeit 174
Auftreten, aggressives 217
  –, emotionales 217
  –, selbstsicheres 129
  –, überzeugender (Übungen) 132
Ausdauer 123
Auseinandersetzungen 181
Ausflüchte 143
Auslöser 84 f., 110–114, 167
  –, (Phase 6) 91
  –, (Selbstkritik) 126
  –, negativer (Phase 1) 80, 83
  –, negativer (Phase 1/Wiedereinstieg) 91
  –, negativer (Schema) 81
  –, neuer (Phase 6) 83

Bedürfnisse 45, 55, 57
  –, eigene 16, 57
  –, wahre 200
Begründungen, pseudologische 241
  –, unnötige 140
Beharrlichkeit 143, 177
Beißhemmung 29
Beliebtheit 38, 41
  –, soziale Akzeptanz und 26

Belohnungen 128 f.
Bequemlichkeit 157
Berufe, heilende und therapeutische 108
Beschäftigung, sinnvolle 94
Bescheidenheitsdogma 145
Besserwisser 224 ff.
  –, (Abwehr) 226
Bestandsaufnahme, persönliche 44, 46
Bestürzung 22
Bewertung, subjektive 191
  –, gleichberechtigte 174
  –, harmonische 32
  –, pseudoharmonische 38
Blickkontakt 131 f.
Blickwinkel 117
  –, Frage des 106
  –, Wahrnehmung und 107

Charakterschwächen 101

Dankbarkeit 41, 172
Denken 115
Depression 74, 79, 92
Deutlichkeit 139
Differenzierungsvermögen 86
Disharmonie 179
Dissoziation 107 f.
Distanz 132
  –, Nähe und 161
Drohungen, subtile 214
Durch-die-Blume-Sagen 139
Durchhaltevermögen 13
Durchsetzungskraft 13

Ehefrau, gute 9
Eifersucht 190
Eigenverantwortung 45
Einschätzungen, subjektive 226
Einschüchterung 214
  –, präventive 217
Einwände, langatmige 143

Ekel 74, 77
Emanzipation 9, 26
Emotionen 87
  –, negative 22, 56, 73, 75, 85, 91
  –, starke 169
Empathie 107 f.
Empfindlichkeit 189
Empfindungen 73
  –, emotionale 78
Endorphine 124
Entrüstung, moralische 223
Entscheidungen, unaufschiebbare 238
Entscheidungsunfähigkeit 35
Entschiedenheit 139
Entschuldigungen 143
  –, unnötige 140
Entspanntheit 111
Enttäuschung 174
Erfolg (Krisenmanagement) 204
Erfolge 122, 128, 144 f.
Erfolgstagebuch 126
Erkenntnis 73
Erklärungen, langatmige 143
Erlebnisse, emotionale 109
  –, positive 79
Erpresser (Abwehr) 240 f.
  –, sanfter 239 ff.
Erpressung, emotionale 161
Erwartungen 13, 27, 29, 159, 161, 171
Erziehung 29, 145, 212
  –, manipulative 23
  –, psychologische 21 f.
Eskalationsspirale 206

Fähigkeiten 109, 121, 126 f.
Familienharmonie 12
Familienmodell, klassisches 27
Faulheit 157
Fehlverhalten 201
Flexibilität, geistige 147

Flucht 19
–, Angriff oder 18
Fluchtprogramm 19
Fluchtstrategie 19
Fluchttendenzen 26
Folgen, positive (Neinsagen) 175 f.
Forderungen, egoistische 162
Formulierungen, deutliche 139
Frau 12, 27 f.
Fremdeinschätzung, Selbstbild und 97, 105
Fremdwahrnehmung, Eigenbild und 105
Furcht 74

Geborgenheit 65
Gedanken, negative 85, 110
Gedankenkreislauf, negativer 81, 115
Gedankenlesen 185
Gedankenstopp 126
Geduld 206
Gefälligkeiten 147
Gefühle, Gedanken und 74
–, gemischte 78 f.
–, negative (Phase 3) 82
–, negative 24, 73 ff., 80, 110, 181 f., 188, 227
Gefühlelesen 185
Gefühlschaos 56, 78, 83, 95
Gefühlsgemisch, explosives 79
Gefühlskarussell 87
Gefühlskreislauf, negativer 81, 115
Gefühlsprotokoll 83
Gefühlstagebuch 83 f.
Gefühlswelt 72, 87
Gegenargumente 143
–, ablenkende 140
Gegenbeschuldigungen 221
Gegenleistung 147 f.
Gegenvorwürfe 221 f.
Gehirn 115
Gehirnmechanismus 115

Gehirnwäsche 241
Gelassenheit 20, 170
Geringschätzung 38
Gespräch, ehrliches 204
Gesprächsatmosphäre 198
Gewaltpotenziale 207
Gewissen 25, 44, 171
–, schlechtes 23, 85, 170 f., 175, 223
Glück 77
Glückshormone *siehe* Endorphine
Grenzen 14
Grenzensetzen 154 f.
Grunderkenntnis 44
Grundgefühle 77 f.
Grundsatzstrategie (Manipulation) 214
Grundstimmung 78 f.
–, deprimierte 87

Haarspalterei 241
Haltung 130
Hände 131
Handlungsansätze 60, 66
Handlungsstrategien 13, 56
–, Kondtitionstraining und 125
Handlungsunfähigkeit 35
Harmonie 15 ff., 21, 152, 179
Harmoniebedürfnis 21, 31
–, übersteigertes 13, 21
Harmoniefalle 13, 16, 28 f., 31, 46, 179, 208
Harmonie-Gen, dominantes 21
Harmoniestreben 15, 26, 45, 57
Harmoniesucht 15 f., 28 f., 61, 122, 210
Hartnäckigkeit 143
Helfersyndrom 29, 165
Hilfeleistung 167
Hilfsbereitschaft 37 f., 233
Hindernisse, innere 154
Hoffnung 92
Höflichkeit 152, 212
–, übertriebene 180

Register

Ideen 161
Ignoranz 214
Interessen 161
Interpretationen, negative (Phase 1) 80
–, (Phase 2)
–, (Schema) 81
Interviewstrategie 191

Karussell, emotionales 95
Katastrophendenken 93
Killerphrasen 241, 244
Kind 24 f.
Klartext 135, 139
Kommentare, destruktive 126
Kommunikation 139, 180
–, offene 162
Komplimente 127, 235
Kompromiss 144
Konflikt 14, 26, 64, 123, 161, 179 f., 198, 206 f.
–, nicht lösbarer 207
Konfliktbewältigung 179
Körper, Kopf und (Phase 5) 82
–, (Schema) 81
Körperhaltung (Übung) 132
Körperliche Warnsignale (Schema) 81
Körpersprache 129 f., 217
Kräfteverhältnisse 39
Krisenmanagement 196
Kritik 14, 161, 179, 186
Kritik, destruktive 189
Kritiker, innerer 125

Leben, stoisches 73
Lebensfreude 92
Lebensorientierung, mangelnde 29
Lebenssituation, schwierige 93
Lebenstempo 74
Lebensvision, Prioritäten und 166
Lebensziele 55
Leiden, demonstratives 233

Leistungsfähigkeit 123
Leitbilder, motivierende 66
Leitmaxime (Manipulation) 211
Liebe 77
Liebesentzug 24
Lösungen (Krisenmanagement) 201 ff.
Lösungsorientierung 201
Loyalität 161

Machtverhältnisse 9
Manipulation 22, 25 f., 210 f., 213, 226, 241
Manipulation, emotionale 24
–, Kommunikation ohne 161
Manipulationsfallen 212
Manipulationsversuche 210
Mann, harmoniesüchtiger 26
Märtyrer (Abwehr) 233 f.
–, tapferer 231 ff.
Maßstäbe, eigene 122
Maxime, oberste (Gesprächsführung) 137
Mechanismen, körpereigene 75
Meinungsverschiedenheiten 64
Mensch, harmoniebewusster 76 f.
–, harmoniesüchtiger 77
Mentale Generalprobe 115 f., 118 f., 204
Mimik 217
Misstrauen 74
Missverständnisse 193
Mitgefühl 85, 233
Mitleid 233
Mitleidsmasche 226 ff.
–, (Abwehr) 229 ff.
Moral 44
Moralempfinden, persönliches 24
Motivationsfaktor, Leistung als 127
Motive, negative (Konflikt) 184
Mut 68, 122
Mutter 157 f., 159 f.

Register

Nachgiebigkeit 101 f., 104, 114
Nähe, Distanz und 64
Naivität 35
Nehmen, Geben und 161 f.
Neid 78
Neinsagen 37, 153 ff.
–, Prinzipien des 173
Neugier 78
Niedermachen 214
Nörgelei 152
Nörgler, innerer 125
Normen 170

Offenheit 174
Orientierung 39, 55, 57

Paarbeziehung 9, 27
Paralyse 18
Person, harmoniebedürftige 19
Perspektive 109
Perspektive, assoziierte 112, 117, 169
–, dissoziierte 117, 119
–, empathische 117
Pflichterfüllung 73
Pharisäer (Abwehr) 223 f.
–, moralischer 222 f.
Phrasendrescher (Abwehr) 244–248
–, killender 242
Prägung 27, 29
–, frühkindliche 28
Primärgefühle *siehe* Grundgefühle
Probleme, rationale 89
Problemverlagerung, subtile 241
Problemverweigerer (Abwehr) 250 f.
–, verantwortungsfreier 249 f.
Profitmachen 157
Programm, evolutionäres 17

Rachebedürfnis 211
Rachepotenziale 207

Rahmen, Bedingungen und (Krisenmanagement) 203
Reaktion, innere (Phase 3) 82, 90
–, (Schema) 81
Reaktionen, irrationale 89
–, übereilte 91
–, unangemessene (Phase 5) 82, 90
–, unangemessene (Schema) 81
Realismus 164
Realitätssinn 70
Regeln 39
–, allgemeine implizite 157
–, soziale 24
Reklamationen 148
Respekt 32, 41, 161 ff.
Reue 74
Rollenbild 171
Rollenverständnis 164 f.
Rückmeldung 187
–, positive 128
Rücksichtnahme, diplomatische 35
Ruhe 170

Saboteure, innere 154
Sanftmut, demütige 28
Scham 22, 74
Schmeicheleien 235 f.
Schmeichler (Abwehr) 236
–, charmanter 234 ff.
Schmerz 74
Schuld 74
Schuldgefühle 22, 86, 170 f.
–, manipulierte 170
Schutzmechanismen (Manipulation) 211
Schwächen 56, 97, 100, 101 ff., 106, 114
–, Stärken und 96, 98
Schwierigkeitsgrad, individueller (Training) 124
Selbstachtung 16, 44 f., 122, 152, 158, 161, 163
–, mangelnde 37

Register

Selbstanalyse 32, 44, 55, 154
Selbstbehauptung 152
Selbstbestimmung, Grenzen der 167
Selbstbewusstsein 69, 163
–, Beliebtheit und 31
Selbstbild 56
Selbstdisziplin 94
Selbsterkenntnis 12
–, Konflikte und 181
Selbstgerechtigkeit 223
Selbstkritik 97
–, destruktive 126
Selbstmitleid 125
Selbstmotivation 125
Selbstsabotage, effiziente (Methoden) 150 ff.
Selbstsicherheit 122
–, Auslöser und 110
Selbstüberschätzung 123
Selbstvertrauen 13, 26, 56
–, Beliebtheit und 31
Selbstwertgefühl 24
Sensibilität, emotionale 37
Sensibilisierung, emotionale 83
Sitten 44
Situation, stressige 20
Sorge 91, 93 ff.
Sorgenzeit 94
Sprache, klare (Übungen) 146–150
Sprechmuskulatur 134
Standhaftigkeit 177
Standpunkt, eigener 226
Standpunktwechsel, rhetorischer 147
Stärke, innere 13, 20, 26, 55, 122, 147, 152, 162, 206
Stärken 56, 97, 99, 106, 109, 111, 121 f.
Stärken-Schwächen-Bilanz 97
Stimme 132
–, Fitnessübung für 134
Stimmtraining 134

Stimmungen 87
–, gemischte 79
Stimmungscocktails 77
Störungen, geplante 238
Strategie, mentale 111
Streit 179, 181
Streitgespräch 190, 197
Streitschule 181
Stress 20, 37
Stressmechanismen 76
Stressprogramm 17
Sturheit 214
Suggestivfragen 121
Symptome, physische (Phase 3) 82
–, (Schema) 81
Symptome, psychologische (Phase 3) 90
–, (Phase 4) 82
–, (Schema) 81

Tagebuch 95
Talfahrten, emotionale (Beziehung) 183
Themenwechsel, dauernder 238
Toleranz 35
Training, körperliches 123
–, mentales 115, 129
–, mentales und reales 122
Tränen 228–231
Transparenz (Konflikte) 180
Trauer 74 f.
Traurigkeit 77
Tricks, rhetorische 241
Trost 95

Überharmonie 30
Übungen, praktische 121
Unabhängigkeit, innere (Übungen) 146–150
Unsicherheit 22, 190
–, Überwindung der 130
Unterstellungen 185
Unwissenheit 22

Register

Veränderungsenergie 74, 180
Verantwortung 12, 25, 146, 158, 167, 171
–, Manipulation und 24
Verantwortungsgefühl, überzogenes 171
Verbalattacken 214, 217
Verfassung, innere 170
Verhalten, moralisches 24
–, neues 116, 118
–, rollenkonformes 26
–, Wirkung des 117, 119
–, zielführendes 128
Verhaltenskontrolle 26
Verhaltensmuster 37, 55, 85
Verhaltensrepertoire, Stresssituation und 20
Verhaltensweise, unangemessene (Phase 5) 82, 90
–, (Schema) 81
Verlässlichkeit 161
Vermutungen (Konflikt) 184
Vernunft 73
Verständnis 30, 35, 65, 174, 192
Verzweiflung 75 f.
Vier-Schritte-Programm 59
Vision 55, 58, 60 ff., 66, 68, 70 f.
–, persönliche 69
Visualisierung 60, 66
Vogel-Strauß-Politik 87
Vollatmung 134
Vorbild 71, 91
Vorstellungen, eigene 122, 135
–, emotionale 109
Vorwürfe (Konflikt) 185

Wahrnehmung 107
Wahrnehmungsübung 87
Wahrnehmungsvermögen 86
Warnsignale, körperliche (Phase 2) 80, 88
Wehrhaftigkeit, gesunde 152
Weichmacher (Kommunikation) 139 f., 145
Werte 44, 161
Wertschätzung 174
Werturteile 23
Widerspruch 147
Wiederholen, Lernen und 116
Wiederholungsschleifen, Taktik der 143
Wünsche 55, 57
Wunschfreiheit, absolute 142
Würde 152
Wut 74, 77

Zeitnot 37
Ziele 57
–, gemeinsame (Krisenmanagement) 201
–, konkrete 68
Zielorientierung, mangelnde 29
Zivilcourage 13, 122, 188
Zusatzfreuden, kleine 129
Zuspruch 95
Zuverlässigkeit 73
Zwei-Gewinner-Lösung 198
Zwei-Gewinner-Prinzip 197
Zwischenziele 68

Irene Becker
Kein Angsthasenbuch
Warum sich Risikofreude
für Frauen lohnt

2009, 224 Seiten
ISBN 978-3-593-38706-2

No risk, no fun!

Kennen Sie das? Sie sitzen lieber in Ihrer Stammkneipe als
die neue schicke Bar im Viertel auszuprobieren, haben im
Job Versagensängste, wenn man Ihnen mehr Verantwortung bietet und statt ein neues Urlaubsziel auszuprobieren,
reisen Sie zum wiederholten Mal an den gleichen Ort.
Gerade Frauen scheuen sich oft, mal etwas Neues zu wagen
und Risiken einzugehen – leider verpassen sie dadurch viele
Chancen. Irene Becker zeigt, wie Frauen lernen können,
ihre Risikoscheu zu überwinden und auch mal etwas zu
wagen. Sie zeigt spielerisch, wie man seine Hemmschwel-
len überwindet und Risiken vernünftig einschätzen lernt.

**Mehr Informationen unter
www.campus.de**

Frankfurt · New York

Marco von Münchhausen
unter Mitarbeit von Iris und
Johannes von Stosch
**Liebe und Partnerschaft
mit dem inneren Schweinehund**

2009, ca. 192 Seiten, gebunden
ISBN 978-3-593-38779-6

Schweinehunde in love

Zu Beginn einer Beziehung fällt es uns leicht, unserem
Partner etwas Gutes zu tun oder ihm zuliebe Kompromisse
einzugehen. Warum aber tun wir uns bloß so schwer damit,
das auch nach der ersten Verliebtheit beizubehalten?
Dieser humorvolle Ratgeber zeigt: Es sind unsere inneren
Schweinehunde, die sich in unser Liebesleben einmischen!
Marco von Münchhausen enthüllt die Tricks und Taktiken
der inneren Widersacher und erklärt die Motive, die
dahinter stecken. Denn wer den inneren Schweinehund
verstehen lernt, wird ihn davon überzeugen, dass das Leben
mit Partner noch viel schöner ist!

**Mehr Informationen unter
www.campus.de**

Christian Püttjer, Uwe Schnierda
**Keine Macht den
Gute-Laune-Dieben**
Wie Ihnen schwierige Mitmenschen nicht mehr den letzten Nerv rauben

2009, 192 Seiten, gebunden
ISBN 978-3-593-38685-0

Der Miesepeterausweichplan

Chef, Kollege, Kunde, Freund oder Partner: Oft sind sie nichts anderes als Diebe. Abgesehen haben sie es auf Ihre gute Laune. Auch wenn der Tag noch so gut begann, irgendwann sind sie zur Stelle und rauben einem mit ihrem Nölen, Jammern und ihrer Besserwisserei den letzten Nerv. Christian Püttjer und Uwe Schnierda, erfahrene Trainer, Coaches und erfolgreiche Autoren, spüren die gemeinen Glücksverhinderer auf, denen wir uns oft hilflos ausgesetzt sehen. Mit ihrem unterhaltsamen Ratgeber voller konstruktiver Tipps zeigen sie, wie Sie die Gute-Laune-Diebe stoppen können.

**Mehr Informationen unter
www.campus.de**

Frankfurt · New York

Guter Rat für mehr Gelassenheit im Alltag

272 Seiten
ISBN 978-3-442-17051-7
€ 7,95

Karrierefrau, Supermutter und Haushaltsperle – übertriebener Perfektionismus stresst und macht unzufrieden. Mit diesem Programm kann jede Frau ihr Streben nach Vollkommenheit auf ein vernünftiges Maß herunterschrauben und das Leben entspannter meistern. Mit vielen Übungen, hilfreichen Checklisten und tollen Extras.

Überall, wo es Bücher gibt und unter www.mosaik-goldmann.de

Die ganze Welt des Taschenbuchs unter
www.goldmann-verlag.de

Literatur deutschsprachiger und
internationaler Autoren,
**Unterhaltung, Kriminalromane, Thriller,
Historische Romane** und **Fantasy-Literatur**

Aktuelle **Sachbücher** und **Ratgeber**

Bücher zu **Politik, Gesellschaft,
Naturwissenschaft** und **Umwelt**

Alles aus den Bereichen **Body, Mind + Spirit**
und **Psychologie**

Überall, wo es Bücher gibt und　　　　　unter www.goldmann-verlag.de

Goldmann Verlag • Neumarkter Straße 28 • 81673 München